# 回忆鲁迅先生

萧 红 著

长江文艺出版社

图书在版编目（CIP）数据

回忆鲁迅先生 / 萧红著. -- 武汉：长江文艺出版社，2024.6
（初中语文同步阅读）
ISBN 978-7-5702-3616-9

Ⅰ.①回… Ⅱ.①萧… Ⅲ.①鲁迅（1881-1936）—生平事迹 Ⅳ.①K825.6

中国国家版本馆 CIP 数据核字（2024）第 104877 号

回忆鲁迅先生
HUIYI LUXUN XIANSHENG

| 责任编辑：田敦国 | 责任校对：毛季慧 |
| 封面设计：陈希璇 | 责任印制：邱 莉 王光兴 |

出版：长江出版传媒 长江文艺出版社
地址：武汉市雄楚大街 268 号　　邮编：430070
发行：长江文艺出版社
http://www.cjlap.com
印刷：武汉市新华印刷有限责任公司

开本：640 毫米×970 毫米　1/16　　印张：12.75
版次：2024 年 6 月第 1 版　　2024 年 6 月第 1 次印刷
字数：154 千字

定价：26.00 元

版权所有，盗版必究（举报电话：027—87679308　87679310）
（图书出现印装问题，本社负责调换）

# 目 录

我这样教学《回忆鲁迅先生》 / 1
回忆鲁迅先生 / 9
鲁迅先生记(一) / 41
鲁迅先生记(二) / 43
骨架与灵魂 / 48
中秋节 / 49
初 冬 / 51
我之读世界语 / 54
镀金的学说 / 56
感情的碎片 / 62
失眠之夜 / 64
天空的点缀 / 68
放火者 / 71
一条铁路的完成 / 76
寄东北流亡者 / 82

| | |
|---|---|
| 两个朋友 | / 85 |
| 白面孔 | / 92 |
| 无 题 | / 94 |
| 永远的憧憬和追求 | / 97 |
| 欧罗巴旅馆 | / 99 |
| 雪 天 | / 103 |
| 他去追求职业 | / 106 |
| 家庭教师 | / 108 |
| 来 客 | / 113 |
| 提篮者 | / 115 |
| 饿 | / 117 |
| 搬 家 | / 122 |
| 最末的一块木桦 | / 125 |
| 黑"列巴"和白盐 | / 127 |
| 度 日 | / 129 |
| 飞 雪 | / 131 |
| 他的上唇挂霜了 | / 134 |
| 当 铺 | / 137 |
| 借 | / 139 |
| 买皮帽 | / 142 |
| 广告员的梦想 | / 144 |
| 新 识 | / 148 |
| "牵牛房" | / 150 |
| 十元钞票 | / 152 |

几个欢快的日子 / 155

女教师 / 159

春意挂上了树梢 / 162

小偷、车夫和老头 / 165

公　园 / 167

夏　夜 / 170

家庭教师是强盗 / 174

册　子 / 176

剧　团 / 180

又是冬天 / 183

门前的黑影 / 186

最后的一个星期 / 189

烦扰的一日 / 192

家族以外的人 / 196

# 我这样教学《回忆鲁迅先生》

《回忆鲁迅先生》是一篇别具一格的回忆文章。作者动笔之前对于全篇的布局似乎漫不经心，全无预设；动笔之后，作者心底的感情如喷涌的泉水，飞湍的激流，尽情倾泻挥洒，形诸笔墨而成为艺术结晶。文章引人注目之处是作者以女性特有的细腻感觉，捕捉鲁迅先生日常生活中的一些琐事，包括鲁迅的日常起居、会见朋友、与家人相处、工作习惯等，以多个片段的形式组合在一起，烘托出真实的、富有人情味的、生活化的鲁迅形象，表现出鲁迅的个性、情趣、魅力、气质，从细微处显示了鲁迅的伟大思想和人格，给人留下深刻的印象。

七年级的学生年龄较小，对鲁迅在中国文学史上的地位了解不多，又有时代隔膜，教师有必要对此进行讲述；同时依据本课内容特点，我将引导学生体会鲁迅丰富而细腻的感情世界作为教学重点。鉴于此文撷取凡人琐事刻画悼念的对象，收到感人至深的艺术效果，这种写法对于七年级的学生而言，比较陌生且有一定的难度，故我把教学难点定为学习本文通过捕捉有灵性的生活细节表现人物性格的写作方法。

基于以上考虑，这篇文章的教学目标和教学内容做出了如下规定：

◎ 核心教学目标

1.理解鲁迅丰富而细腻的感情世界。

2.掌握本文刻画人物性格的写作方法。

◎ 确定支撑教学目标的教学内容

1.速读全文,通过鲁迅的日常琐事,把握人物平凡而可亲的形象。

2.品读句子,通过对细节描写的分析,掌握刻画人物的写作方法。

根据以上教学目标和核心教学内容的安排,教学过程主要有以下若干环节:

## 一、谈话导入——谈谈你熟悉的鲁迅

出示鲁迅先生的《自题小像》及照片,请同学谈谈对鲁迅先生的印象。

## 二、了解一段文坛佳话——感受鲁迅与萧红之间的师生情深

1.鲁迅简介:鲁迅是文学家、思想家、革命家。鲁迅是笔名,本名周树人,主要作品有白话小说《狂人日记》,小说集《呐喊》《彷徨》,散文诗集《野草》《朝花夕拾》。

2.萧红简介:萧红,中国近现代女作家,"民国四大才女"之一,被誉为"20世纪30年代的文学洛神"。

3.鲁迅与萧红的师生情:1934年在上海时,萧红、萧军经常到鲁迅家做客,向鲁迅请教,鲁迅和夫人许广平不但在创作上指点他们,还十分关心他们的生活。鲁迅特意将两人介绍给茅盾等

左翼作家,这些人后来都成为萧红的好朋友,对她的创作和生活产生一定影响。

　　后来萧红、萧军在鲁迅的支持下结成"奴隶社",为了培育萧红这朵文学奇葩,鲁迅先生甘为人梯。先生去世后,萧红悲痛万分,三年后才从悲痛中振作起来。

### 三、研习新课

　　(一)活动一:快速默读课文,把握鲁迅形象。
　　1.大家通过初步探讨课文,都感到鲁迅是非常平凡可亲的。请以"鲁迅不仅仅是一位勇猛的斗士,他还是一位＿＿＿＿,从＿＿＿＿中,我看出了鲁迅先生＿＿＿＿"的句式,向我们介绍不一样的鲁迅。
　　(教师示例:鲁迅不仅仅是一位勇猛的斗士,他还是<u>一位好父亲</u>,从"<u>别人都不注意,鲁迅先生把海婴碟里的拿来尝尝</u>"中,我看出了鲁迅先生<u>尊重孩子,做事认真,深入实际</u>。)
　　2.学生展示学习成果。(3—4人)
　　3.师生共同修正。

　　(二)活动二:精读课文,品味语句,感悟细节表现人物性格的写作方法。下面,我们将对课文中的精彩语段进行批注。
　　1.PPT呈现精彩语段。
　　①鲁迅先生的笑声是明朗的,是从心里的欢喜。若有人说了什么可笑的话,鲁迅先生笑得连烟卷都拿不住了,常常是笑得咳嗽起来。
　　②人家都起来了,鲁迅先生才睡下。海婴从三楼下来了,背着书包,保姆送他到学校去,经过鲁迅先生的门前,保姆总是吩

咐他说:"轻一点走,轻一点走。"

③鲁迅先生刚一睡下,太阳就高起来了,太阳照着隔院子的人家,明亮亮的;照着鲁迅先生花园的夹竹桃,明亮亮的。

④全楼都寂静下去,窗外也一点声音没有了,鲁迅先生站起来,坐到书桌边,在那绿色的台灯下开始写文章了。许先生说鸡鸣的时候,鲁迅先生还是坐着,街上的汽车嘟嘟地叫起来了,鲁迅先生还是坐着。

⑤"鲁迅先生的书桌<u>整整齐齐</u>的,写好的文章压在书下边,毛笔在烧瓷的小龟背上<u>站</u>着。""一双拖鞋<u>停</u>在床下,鲁迅先生在枕头上边睡着了。"请说说这些加线词语好在哪里?

2.教师指导。

①可以根据自己的理解写下自己阅读时的即时感受。

②也可以从修辞、炼字、写作手法等方面来进行批注。

3.学生分小组合作、探讨。

4.师生交流批注的成果,品析句子的精彩。

第①预设:

作者从先生的饮食起居写到待人接物等许多日常小事,为什么单单从笑写起? 点拨:寥寥几句,一个乐观爽朗、平易近人、真诚的鲁迅形象便跃然纸上,跟一些人心目中"多疑善怒""冷酷无情"的鲁迅形象形成鲜明对照。这是作者萧红用自己心灵感受的非常个人化的鲁迅,是一个常人敢于走近并能够伸手触摸的可亲的鲁迅。

第②预设:

第一句话:采用了对比的写法,突出鲁迅先生忘我的工作习惯,话虽平淡,情感却十分深挚,一个"才"字透露了玄机。

第二句话,海婴年幼,孩子蹦蹦跳跳是特性,但保姆总是要吩咐他"轻一点走",因为怕吵醒了彻夜工作、刚刚才睡下的鲁迅先生。一个"总是"表现了这已经成为一种习惯,同时也是鲁迅长期不顾身体健康,忘我工作的侧面表现。

第③预设:

景物描写,简单有象征意味。太阳是明亮的,照着隔院子的人家,照着夹竹桃,也是明亮亮的,景色朴实平常而又十分温馨和谐,成为鲁迅先生的"睡"的背景和衬托。

从本文的"回忆"和"悼念"的特点看,这样的景物描写又别有深意:在奋斗终生的鲁迅先生身后,我们一定会有光明的世界,一定会有明亮亮的未来。

第④预设:

白描手法,感受到鲁迅先生工作的投入,废寝忘食。

第⑤预设:

说说这些加线词语好在哪里?细节描写生动,写出鲁迅严谨的工作习惯和一丝不苟的工作态度。

(三)活动三:畅谈收获,总结提升。

1.请同学们畅谈学习本课后的收获。

提示:可从对待亲朋的态度、为人处世、情感角度,也可以从写法上来谈。

2.学生畅谈。(8—10人)

3.师总结:收获多多呀! 看来写好散文的前提就是要有真情实感。萧红此文就是因为用真情实感,如话家常般讲述了鲁迅先生的日常生活,不仅为我们提供了鲜为人知的珍贵史料,也成为众多回忆录中的珍品。

感谢作家萧红,让我们结识了"走下圣坛"的鲁迅先生,也学习了作者在散文创作方面不凡的功力。有的同学一提到写作文就头疼,不知从何下笔;有的同学担心文笔不好,写不出好文章来。其实只要善于从平凡的小事中挖掘素材,有真情实感,不用华丽的辞藻,也一样能写出感人至深的文章来。接下来进行小练笔。

## 四、小试牛刀,能力迁移

1.写一个身边最亲近的人,采用今天所学的写作手法,表现他的性格特点或品质。

写作提示:从生活中挖掘平常小事,运用朴素的语言,捕捉细节,也可正侧结合,写真事,抒真情。字数要求:100字左右。

2.学生写作训练。(5分钟)

3.学生展示写作成果(3—5人),教师适当点评。

根据以上教学设计,在课堂上注重引导学生默读课文,通过抓住关键词句和关键细节,引导学生体验、理解课文所表达的情感,进而认识到鲁迅先生丰富而细腻的感情世界。课堂上学生表现积极,体验品味具体细腻,尤其是对鲁迅的形象把握很深入,很用心。

课堂上有这样一幕,呈现如下:

师:大家通过初步探讨课文,都感到鲁迅是非常平凡可亲的。现在以"鲁迅不仅仅是一位勇猛的斗士,他还是一位_____,从_____中,我看出了鲁迅先生_____"的句式,向我们介绍不一样的鲁迅。

生1:"鲁迅不仅仅是一位勇猛的斗士,他还是一位干练的人,从'鲁迅先生走路很轻捷,尤其使人记得清楚的,是他刚抓起帽子来往头上一扣,同时左腿就伸出去了,仿佛不顾一切地走去'中，我看出了鲁迅先生一往无前、义无反顾的大无畏的精神。"

师：这种干练，一往无前、义无反顾的大无畏精神是如何表现出来的？

生2："抓、扣、伸、走，动作描写，干练、敏捷。"

师：分析得很到位！还有其他同学有感受到鲁迅先生的人格魅力么？

生3："鲁迅不仅仅是一位勇猛的斗士，他还是一位幽默风趣的人。从'刚刚我不是来过了吗？怎么会好久不见？就是上午我来的那次周先生忘记了，可是我也每天来呀……怎么都忘记了吗？'中，看出鲁迅先生爱开玩笑，平易近人。"

生4："鲁迅不仅仅是一位勇猛的斗士，他还是一位体贴的人。从'夜里去看电影，施高塔路的汽车房只有一辆车，鲁迅先生一定不坐，一定让我们坐'和'看完了电影出来，又只叫到一部汽车，鲁迅先生又一定不肯坐'中，我看出鲁迅先生为他人着想、考虑，具有奉献精神。"

生5："我说的也是这句话，我看出鲁迅先生绅士。"

生6："鲁迅不仅仅是一位勇猛的斗士，他还是一位尊重孩子的慈父。从'海婴一吃就说不新鲜，许先生不信，别的人也都不信。……鲁迅先生把海婴碟里的拿来尝尝。果然是不新鲜的。鲁迅先生说：'他说不新鲜，一定也有他的道理，不加以查看就抹杀是不对的'中，我读出鲁迅先生是一个实事求是和尊重小孩的人。"

生7："鲁迅不仅仅是一位勇猛的斗士，他还是一位很细致的人。从'鲁迅先生包一个纸包也要包到整整齐齐'，还有'鲁迅先生把书包好了，用细绳捆上，那包方方正正的，连一个角也不准歪一点或扁一点，而后拿着剪刀，把捆书的那绳头都剪得整整齐齐'中,可以看出鲁迅先生很认真、细心。"

生8:"鲁迅不仅仅是一位勇猛的斗士,他还是一位关心中国青年的人。从鲁迅先生深恶痛绝写字草率,但仍认真展读每封青年的信中,可以看出他对待青年的赤诚之心。"

……

师:大家读书非常仔细,从中也可以看出大家早已被鲁迅先生的人格魅力所深深地吸引。

回想这堂课的教学过程,感觉这是一堂开放性的语文课,注重学生的自主探究,整个教学过程以情感为主线,以读为主,极大地促进了学生自由的感悟和体验。教师由教者转变为有经验的组织者和引导者,有目的、有计划地引导学生感悟鲁迅先生的丰富而细腻的感情世界。

萧红这篇怀人散文,大体可以分为14个片段,内容涉及也广,教者选取较具有代表性的片段,引导学生自主学习本文通过捕捉有灵性的生活细节表现人物性格的写作方法,将学习的主动权还给学生,课堂既有预设又有生成,取得了良好的效果。

# 回忆鲁迅先生

鲁迅先生的笑声是明朗的,是从心里的欢喜。若有人说了什么可笑的话,鲁迅先生笑的连烟卷都拿不住了,常常是笑的咳嗽起来。

鲁迅先生走路很轻捷,尤其使人记得清楚的,是他刚抓起帽子来往头上一扣,同时左腿就伸出去了,仿佛不顾一切地走去。

鲁迅先生不大注意人的衣裳,他说:"谁穿什么衣裳我看不见得……"

鲁迅先生生的病,刚好了一点,他坐在躺椅上,抽着烟,那天我穿着新奇的大红的上衣,很宽的袖子。

鲁迅先生说:"这天气闷热起来,这就是梅雨天。"他把他装在象牙烟嘴上的香烟,又用手装得紧一点,往下又说了别的。

许先生忙着家务,跑来跑去,也没有对我的衣裳加以鉴赏。

于是我说:"周先生,我的衣裳漂亮不漂亮?"

鲁迅先生从上往下看了一眼:"不大漂亮。"

过了一会又接着说:"你的裙子配的颜色不对,并不是红上衣不好看,各种颜色都是好看的,红上衣要配红裙子,不然就是黑裙子,咖啡色的就不行了;这两种颜色放在一起很浑浊……你没看到外国人在街上走的吗?绝没有下边穿一件绿裙子,上边穿一件紫上衣,也没有穿一件红裙子而后穿一件白上衣的……"

鲁迅先生就在躺椅上看着我："你这裙子是咖啡色的，还带格子，颜色浑浊得很，所以把红衣裳也弄得不漂亮了。"

"……人瘦不要穿黑衣裳，人胖不要穿白衣裳；脚长的女人一定要穿黑鞋子，脚短就一定要穿白鞋子；方格子的衣裳胖人不能穿，但比横格子的还好；横格子的胖人穿上，就把胖子更往两边裂着，更横宽了，胖子要穿竖条子的，竖的把人显得长，横的把人显的宽……"

那天鲁迅先生很有兴致，把我一双短统靴子也略略批评一下，说我的短靴是军人穿的，因为靴子的前后都有一条线织的拉手，这拉手据鲁迅先生说是放在裤子下边的……

我说："周先生，为什么那靴子我穿了多久了而不告诉我，怎么现在才想起来呢？现在我不是不穿了吗？我穿的这不是另外的鞋吗？"

"你不穿我才说的，你穿的时候，我一说你该不穿了。"

那天下午要赴一个筵会去，我要许先生给我找一点布条或绸条束一束头发。许先生拿了来米色的绿色的还有桃红色的。经我和许先生共同选定的是米色的。为着取美，把那桃红色的，许先生举起来放在我的头发上，并且许先生很开心地说着："好看吧！多漂亮！"

我也非常得意，很规矩又顽皮地在等着鲁迅先生往这边看我们。

鲁迅先生这一看，脸是严肃的，他的眼皮往下一放向着我们这边看着："不要那样装饰她……"

许先生有点窘了。

我也安静下来。

鲁迅先生在北平教书时，从不发脾气，但常常好用这种眼光看人。许先生常跟我讲，她在女师大读书时，周先生在课堂上，一生气就用眼睛往下一掠,看着他们,这种眼光鲁迅先生在记范爱农先生的文字曾自己述说过,而谁曾接触过这种眼光的人就会感到一个旷代的全智者的催逼。

我开始问:"周先生怎么也晓得女人穿衣裳的这些事情呢?"

"看过书的,关于美学的。"

"什么时候看的……"

"大概是在日本读书的时候……"

"买的书吗?"

"不一定是买的,也许是从什么地方抓到就看的……"

"看了有趣味吗?"

"随便看看……"

"周先生看这书做什么?"

"……"没有回答,好像很难以答。

许先生在旁说:"周先生什么书都看的。"

在鲁迅先生家里做客人,刚开始是从法租界来到虹口,搭电车也要差不多一个钟头的工夫,所以那时候来的次数比较少。记得有一次谈到半夜,一过十二点电车就没有的,但那天不知讲了些什么,讲到一个段落就看看旁边小长桌上的圆钟,十一点半了,十一点四十五分了,电车没有了。

"反正已十二点,电车也没有,那么再坐一会。"许先生如此劝着。

鲁迅先生好像听了所讲的什么引起了幻想,安顿地举着象牙烟嘴在沉思着。

一点钟以后,送我(还有别的朋友)出来的是许先生,外边下着蒙蒙的小雨,弄堂里灯光全然灭掉了,鲁迅先生嘱咐许先生一定让坐小汽车回去,并且一定嘱咐许先生付钱。

以后也住到北四川路来,就每夜饭后必到大陆新村来了,刮风的天,下雨的天,几乎没有间断的时候。

鲁迅先生很喜欢北方饭,还喜欢吃油炸的东西,喜欢吃硬的东西,就是后来生病的时候,也不大吃牛奶。鸡汤端到旁边用调羹舀了一二下就算了事。

有一天约好我去包饺子吃,那还是住在法租界,所以带了外国酸菜和用绞肉机绞成的牛肉,就和许先生站在客厅后边的方桌边包起来。海婴公子围着闹的起劲,一会按成圆饼的面拿去了,他说做了一只船来,送在我们的眼前,我们不看他,转身他又做了一只小鸡,许先生和我都不去看他,对他竭力避免加以赞美,若一赞美起来,怕他更做的起劲。

客厅后边没到黄昏就先黑了,背上感到些微微的寒凉,知道衣裳不够了,但为着忙,没有加衣裳去。等把饺子包完了看看那数目并不多,这才知道许先生我们谈话谈得太多,误了工作。许先生怎样离开家的,怎样到天津读书的,在女师大读书时怎样做了家庭教师,她去考家庭教师的那一段描写,非常有趣,只取一名,可是考了好几十名,她之能够当选算是难的了。指望对于学费有点补助,冬天来了,北平又冷,那家离学校又远,每月除了车子钱之外,若伤风感冒还得自己拿出买阿司匹林的钱来,每月薪金十元要从西城跑到东城……

饺子煮好,一上楼梯,就听到楼上明朗的鲁迅先生的笑声冲下楼梯来,原来有几个朋友在楼上也正谈得热闹。那一天吃得是很好的。

以后我们又做过韭菜合子,又做过合叶饼,我一提议鲁迅先生必然赞成,而我做的又不好,可是鲁迅先生还是在饭桌上举着筷子问许先生:"我再吃几个吗?"

因为鲁迅先生胃不大好,每饭后必吃"脾自美"药丸一二粒。

有一天下午鲁迅先生正在校对着瞿秋白的《海上述林》,我一走进卧室去,从那圆转椅上鲁迅先生转过来了,向着我,还微微站起了一点。

"好久不见,好久不见。"一边说着一边向我点头。

刚刚我不是来过了吗?怎么会好久不见?就是上午我来的那次周先生忘记了,可是我也每天来呀……怎么都忘记了吗?

周先生转身坐在躺椅上才自己笑起来,他是在开着玩笑。

梅雨季,很少有晴天,一天的上午刚一放晴,我高兴极了,就到鲁迅先生家去了,跑得上楼还喘着,鲁迅先生说:"来啦!"

我说:"来啦!"

我喘着连茶也喝不下。

鲁迅先生就问我:"有什么事吗?"

我说:"天晴啦,太阳出来啦。"

许先生和鲁迅先生都笑着,一种对于冲破忧郁心境的崭然的会心的笑。

海婴一看到我非拉我到院子里和他一道玩不可,拉我的头发或拉我的衣裳。

为什么他不拉别人呢?据周先生说:"他看你梳着辫子,和他差不多,别人在他眼里都是大人,就看你小。"

许先生问着海婴:"你为什么喜欢她呢?不喜欢别人?"

"她有小辫子。"说着就来拉我的头发。

鲁迅先生家里生客人很少,几乎没有,尤其是住在他家里的人更没有。一个礼拜六的晚上,在二楼上鲁迅先生的卧室里摆好了晚饭,围着桌子坐满了人。每逢礼拜六晚上都是这样的,周建人先生带着全家来拜访的。在桌子边坐着一个很瘦的很高的穿着中国小背心的人,鲁迅先生介绍说:"这是一位同乡,是商人。"

初看似乎对的,穿着中国裤子,头发剃得很短。当吃饭时,他还让别人酒,也给我倒一盅,态度很活泼,不大像个商人;等吃完了饭,又谈到《伪自由书》及《二心集》。这个商人,开明得很,在中国不常见。没有见过的,就总不大放心。

下一次是在楼下客厅后的方桌上吃晚饭,那天很晴,一阵阵的刮着热风,虽然黄昏了,客厅后还不昏黑。鲁迅先生是新剪的头发,还能记得桌上有一盘黄花鱼,大概是顺着鲁迅先生的口味,是用油煎的。鲁迅先生前面摆着一碗酒,酒碗是扁扁的,好像用作吃饭的饭碗。那位商人先生也能喝酒,酒瓶手就站在他的旁边。他说蒙古人什么样,苗人什么样,从西藏经过时,那西藏女人见了男人追她,她就如何如何。

这商人可真怪,怎么专门走地方,而不做买卖?并且鲁迅先生的书他也全读过,一开口这个,一开口那个。并且海婴叫他×先生,我一听那×字就明白他是谁了。×先生常常回来得很迟,从鲁迅先生家里出来,在弄堂里遇到了几次。

有一天晚上×先生从三楼下来,手里提着小箱子,身上穿着长袍子,站在鲁迅先生的面前,他说他要搬了。他告了辞,许先生送他下楼去了。这时候周先生在地板上绕了两个圈子,问我说:"你看他到底是商人吗?"

"是的。"我说。

鲁迅先生很有意思的在地板上走几步,而后向我说:"他是贩卖私货的商人,是贩卖精神上的……"

×先生走过二万五千里回来的。

青年人写信,写得太草率,鲁迅先生是深恶痛绝之的。

"字不一定要写得好,但必须得使人一看了就认识,年轻人现在都太忙了……他自己赶快胡乱写完了事,别人看了三遍五遍看不明白,这费了多少功夫,他不管。反正这费了功夫不是他的。这存心是不太好的。"

但他还是展读着每封由不同角落里投来的青年的信。眼睛不济时,便戴起眼镜来看,常常看到夜里很深的时光。

鲁迅先生坐在××电影院楼上的第一排,那片名忘记了,新闻片是苏联纪念五一节的红场。

"这个我怕看不到的……你们将来可以看得到。"鲁迅先生向我们周围的人说。

珂勒惠支的画,鲁迅先生最佩服,同时也很佩服她的做人。珂勒惠支受希特勒的压迫,不准她做教授,不准她画画。鲁迅先生常讲到她。

史沫特烈,鲁迅先生也讲到,她是美国女子,帮助印度独立运动,现在又在援助中国。

鲁迅先生介绍给人去看的电影:《夏伯阳》《复仇艳遇》……其余的如《人猿泰山》……或者非洲的怪兽这一类的影片,也常介绍给人的。鲁迅先生说:"电影没有什么好的,看看鸟兽之类倒可以增加些对于动物的知识。"

鲁迅先生不游公园,住在上海十年,兆丰公园没有进过。虹口公园这么近也没有进过。春天一到了,我常告诉周先生,我说公园里的土松软了,公园里的风多么柔和。周先生答应选个晴好的天气,选个礼拜日,海婴休假日,好一道去,坐一乘小汽车一直开到兆丰公园,也算是短途旅行。但这只是想着而未有做到,并且把公园给下了定义,鲁迅先生说:"公园的样子我知道的……一进门分做两条路,一条通左边,一条通右边,沿着路种着点柳树什么树的,树下摆着几张长椅子,再远一点有个水池子。"

我是去过兆丰公园的,也去过虹口公园或是法国公园的,仿佛这个定义适用在任何国度的公园设计者。

鲁迅先生不戴手套,不围围巾,冬天穿着黑土蓝的棉布袍子,头上戴着灰色毡帽,脚穿黑帆布胶皮底鞋。

胶皮底鞋夏天特别热,冬天又凉又湿,鲁迅先生的身体不算好,大家都提议把这鞋子换掉。鲁迅先生不肯,他说胶皮底鞋子走路方便。

"周先生一天走多少路呢?也不就一转弯到××书店走一趟吗?"

鲁迅先生笑而不答。

"周先生不是很好伤风吗?不围巾子,风一吹不就伤风了吗?"

鲁迅先生这些个都不习惯,他说:"从小就没戴过手套围巾,戴不惯。"

鲁迅先生一推开门从家里出来时,两只手露在外边,很宽的袖口冲着风就向前走,腋下夹着个黑绸子印花的包袱,里边包着书或者是信,到老靶子路书店去了。

那包袱每天出去必带出去,回来必带回来。出去时带着给青年们的信,回来又从书店带来新的信和青年请鲁迅先生看的稿子。

鲁迅先生抱着印花包袱从外边回来,还提着一把伞,一进门客厅里早坐着客人,把伞挂在衣架上就陪客人谈起话来。谈了很久了,伞上的水滴顺着伞杆在地板上已经聚了一堆水。

鲁迅先生上楼去拿香烟,抱着印花包袱,而那把伞也没有忘记,顺手也带到楼上去。

鲁迅先生的记忆力非常之强,他的东西从不随便散置在任何地方。

鲁迅先生很喜欢北方口味。许先生想请一个北方厨子,鲁迅先生以为开销太大,请不得的,男用人,至少要十五元钱的工钱。

所以买米买炭都是许先生下手,我问许先生为什么用两个女用人都是年老的,都是六七十岁的?许先生说她们做惯了,海婴的保姆,海婴几个月时就在这里。

正说着那矮胖胖的保姆走下楼梯来了,和我们打了个迎面。

"先生,没吃茶吗?"她赶快拿了杯子去倒茶,那刚刚下楼时气喘的声音还在喉管里咕噜咕噜的,她确实年老了。

来了客人,许先生没有不下厨房的,菜食很丰富,鱼,肉……都是用大碗装着,起码四五碗,多则七八碗。可是平常就只三碗菜:一碗素炒豌豆苗,一碗笋炒咸菜,再一碗黄花鱼。

这菜简单到极点。

鲁迅先生的原稿,在拉都路一家炸油条的那里用着包油条,我得到了一张,是译《死魂灵》的原稿,写信告诉了鲁迅先生。鲁迅先生不以为稀奇,许先生倒很生气。

鲁迅先生出书的校样,都用来揩桌,或做什么的,请客人在家里吃饭,吃到半道,鲁迅先生回身去拿来校样给大家分着。客人接到手里一看,这怎么可以?鲁迅先生说:"擦一擦,拿着鸡吃,手是腻的。"

到洗澡间去,那边也摆着校样纸。

许先生从早晨忙到晚上,在楼下陪客人,一边还手里打着毛线。不然就是一边谈着话一边站起来用手摘掉花盆里花上已干枯了的叶子。许先生每送一个客人,都要送到楼下的门口,替客人把门开开,客人走出去而后轻轻地关了门再上楼来。

来了客人还要到街上去买鱼或买鸡,买回来还要到厨房里去工作。

鲁迅先生临时要寄一封信,就得许先生换起皮鞋子来到邮局或者大陆新村旁边的信筒那里去。落着雨天,许先生就打起伞来。

许先生是忙的,许先生的笑是愉快的,但是头发有一些是白了的。

夜里去看电影,施高塔路的汽车房只有一辆车,鲁迅先生一定不坐，一定让我们坐。许先生，周建人夫人……海婴，周建人先生的三位女公子。我们上车了。

鲁迅先生和周建人先生，还有别的一二位朋友在后边。

看完了电影出来，又只叫到一部汽车，鲁迅先生又一定不肯坐，让周建人先生的全家坐着先走了。

鲁迅先生旁边走着海婴，过了苏州河的大桥去等电车去了。等了二三十分钟电车还没有来，鲁迅先生依着沿苏州河的铁栏杆坐在桥边的石围上了，并且拿出香烟来，装上烟嘴，悠然地吸着烟。

海婴不安地来回地乱跑，鲁迅先生还招呼他和自己并排坐下。鲁迅先生坐在那和一个乡下的安静老人一样。

鲁迅先生吃的是清茶，其余不吃别的饮料。咖啡、可可、牛奶、汽水之类，家里都不预备。

鲁迅先生陪客人到深夜，必同客人一道吃些点心。那饼干就是从铺子里买来的，装在饼干盒子里，到夜深许先生拿着碟子取出来，摆在鲁迅先生的书桌上，吃完了，许先生打开立柜再取一碟。还有向日葵子差不多每来客人必不可少。鲁迅先生一边抽着烟，一边剥着瓜子吃，吃完了一碟鲁迅先生必请许先生再拿一碟来。

鲁迅先生备有两种纸烟，一种价钱贵的，一种便宜的，便宜的是绿听子的，我不认识那是什么牌子，只记得烟头上带着黄纸的嘴，每五十支的价钱大概是四角到五角，是鲁迅先生自己平日用的。另一种是白听子的，是前门烟，用来招待客人的，白听烟放在鲁迅先生书桌的抽屉里。来客人鲁迅先生下楼，把它带到楼下去，客人走了，又带回楼上来照样放在抽屉里。而绿听子的永远放在书桌上，是鲁迅先生随时吸着的。

鲁迅先生的休息，不听留声机，不出去散步，也不倒在床上睡觉,鲁迅先生自己说:"坐在椅子上翻一翻书就是休息了。"

鲁迅先生从下午二三点钟起就陪客人,陪到五点钟,陪到六点钟,客人若在家吃饭,吃完饭又必要在一起喝茶,或者刚刚吃完茶走了,或者还没走又来了客人,于是又陪下去,陪到八点钟,十点钟,常常陪到十二点钟。从下午三点钟起,陪到夜里十二点,这么长的时间,鲁迅先生都是坐在藤躺椅上,不断地吸着烟。

客人一走,已经是下半夜了,本来已经是睡觉的时候了,可是鲁迅先生正要开始工作。

在工作之前,他稍微阖一阖眼睛,燃起一支烟来,躺在床边上,这一支烟还没有吸完,许先生差不多就在床里边睡着了。(许先生为什么睡得这样快?因为第二天早晨六七点钟就要来管理家务。)海婴这时在三楼和保姆一道睡着了。

全楼都寂静下去,窗外也一点声音没有了,鲁迅先生站起来,坐到书桌边,在那绿色的台灯下开始写文章了。

许先生说鸡鸣的时候,鲁迅先生还是坐着,街上的汽车嘟嘟地叫起来了,鲁迅先生还是坐着。

有时许先生醒了,看着玻璃窗白萨萨的了,灯光也不显得怎么亮了,鲁迅先生的背影不像夜里那样黑大。

鲁迅先生的背影是灰黑色的,仍旧坐在那里。

人家都起来了,鲁迅先生才睡下。

海婴从三楼下来了,背着书包,保姆送他到学校去,经过鲁迅先生的门前,保姆总是吩咐他说:"轻一点走,轻一点走。"

鲁迅先生刚一睡下,太阳就高起来了。太阳照着隔院子的人家,明亮亮的,照着鲁迅先生花园的夹竹桃,明亮亮的。

鲁迅先生的书桌整整齐齐的,写好的文章压在书下边,毛笔在烧瓷的小龟背上站着。

一双拖鞋停在床下,鲁迅先生在枕头上边睡着了。

鲁迅先生喜欢吃一点酒,但是不多吃,吃半小碗或一碗。鲁迅先生吃的是中国酒,多半是花雕。

老靶子路有一家小吃茶店,只有门面一间,在门面里边设座,座少,安静,光线不充足,有些冷落。鲁迅先生常到这里吃茶店来,有约会多半是在这里边,老板是犹太也许是白俄,胖胖的。中国话大概他听不懂。

鲁迅先生这一位老人,穿着布袍子,有时到这里来,泡一壶红茶,和青年人坐在一道谈了一两个钟头。

有一天鲁迅先生的背后那茶座里边坐着一位摩登女子,身穿紫裙子黄衣裳,头戴花帽子……那女子临走时,鲁迅先生一看她,用眼瞪着她,很生气地看了她半天。而后说:"是做什么的呢?"

鲁迅先生对于穿着紫裙子黄衣裳,花帽子的人就是这样看法的。

鬼到底是有的没有的?传说上有人见过,还跟鬼说过话,还有人被鬼在后边追赶过,吊死鬼一见了人就贴在墙上。但没有一个人捉住一个鬼给大家看看。

鲁迅先生讲了他看见过鬼的故事给大家听:"是在绍兴……"鲁迅先生说,"三十年前……"

那时鲁迅先生从日本读书回来,在一个师范学堂里也不知是什么学堂里教书,晚上没有事时,鲁迅先生总是到朋友家去谈天。这朋友住的离学堂几里路,几里路不算远,但必得经过一片坟地。谈天有的时候就谈得晚了,十一二点钟才回学堂的事也常有。有一天鲁迅先生就回去得很晚,天空有很大的月亮。

鲁迅先生向着归路走得很起劲时,往远处一看,远远有一个白影。

鲁迅先生不相信鬼的,在日本留学时是学的医,常常把死人抬来解剖的，鲁迅先生解剖过二十几个，不但不怕鬼，对死人也不怕，所以对坟地也就根本不怕。仍旧是向前走的。

走了不几步，那远处的白影没有了，再看突然又有了。并且时小时大，时高时低，正和鬼一样。鬼不就是变幻无常的吗？

鲁迅先生有点踌躇了，到底向前走呢？还是回过头来走？本来回学堂不止这一条路，这不过是最近的一条就是了。

鲁迅先生仍是向前走，到底要看一看鬼是什么样，虽然那时候也怕了。

鲁迅先生那时从日本回来不久，所以还穿着硬底皮鞋。鲁迅先生决心要给那鬼一个致命的打击，等走到那白影旁边时，那白影缩小了，蹲下了，一声不响地靠住了一个坟堆。

鲁迅先生就用了他的硬皮鞋踢了出去。

那白影噢的一声叫起来，随着就站起来，鲁迅先生定眼看去，他却是个人。

鲁迅先生说在他踢的时候，他是很害怕的，好像若一下不把那东西踢死，自己反而会遭殃的，所以用了全力踢出去。

原来是个盗墓子的人在坟场上半夜做着工作。鲁迅先生说到这里就笑了起来。

"鬼也是怕踢的，踢他一脚就立刻变成人了。"

我想，倘若是鬼常常让鲁迅先生踢踢倒是好的，因为给了他一个做人的机会。

从福建菜馆叫的菜，有一碗鱼做的丸子。

海婴一吃就说不新鲜，许先生不信，别的人也都不信。因为那丸子有的新鲜，有的不新鲜，别人吃到嘴里的恰好都是没有改味的。

许先生又给海婴一个，海婴一吃，又不是好的，他又嚷嚷着。别人都不注意，鲁迅先生把海婴碟里的拿来尝尝，果然不是新鲜的。鲁迅先生说："他说不新鲜，一定也有他的道理，不加以查看就抹杀是不对的。"

……

以后我想起这件事来，私下和许先生谈过，许先生说："周先生的做人，真是我们学不了的。哪怕一点点小事。"

鲁迅先生包一个纸包也要包得整整齐齐，常常把要寄出的书，鲁迅先生从许先生手里拿过来自己包，许先生本来包得多么好，而鲁迅先生还要亲自动手。

鲁迅先生把书包好了，用细绳捆上，那包方方正正的，连一个角也不准歪一点或扁一点，而后拿着剪刀，把捆书的那绳头都剪得整整齐齐。

就是包这书的纸都不是新的，都是从街上买东西回来留下来的。许先生上街回来把买来的东西一打开随手就把包东西的牛皮纸折起来，随手把小细绳卷了一个卷。若小细绳上有一个疙瘩，也要随手把它解开的。准备着随时用随时方便。

鲁迅先生住的是大陆新村九号。

一进弄堂口，满地铺着大方块的水门汀，院子里不怎样嘈杂，从这院子出入的有时候是外国人，也能够看到外国小孩在院子里零星的玩着。

鲁迅先生隔壁挂着一块大的牌子，上面写着一个"茶"字。

在一九三五年十月一日。

鲁迅先生的客厅里摆着长桌，长桌是黑色的，油漆不十分新鲜，但也并不破旧，桌上没有铺什么桌布，只在长桌的当心摆着一个绿豆青色的花瓶，花瓶里长着几株大叶子的万年青。围着长桌有七八张木椅子。尤其是在夜里，全弄堂一点什么声音也听不到。

那夜，就和鲁迅先生和许先生一道坐在长桌旁边喝茶的。当夜谈了许多关于伪满洲国的事情，从饭后谈起，一直谈到九点钟十点钟而后到十一点钟。时时想退出来，让鲁迅先生好早点休息，因为我看出来鲁迅先生身体不大好，又加上听许先生说过，鲁迅先生伤风了一个多月，刚好了的。

但鲁迅先生并没有疲倦的样子。虽然客厅里也摆着一张可以卧倒的藤椅，我们劝他几次想让他坐在藤椅上休息一下，但是他没有去，仍旧坐在椅子上。并且还上楼一次，去加穿了一件皮袍子。

那夜鲁迅先生到底讲了些什么，现在记不起来了。也许想起来的不是那夜讲的而是以后讲的也说不定。过了十一点，天就落雨了，雨点淅沥淅沥地打在玻璃窗上，窗子没有窗帘，所以偶一回头，就看到玻璃窗上有小水流往下流。夜已深了，并且落了雨，心里十分着急，几次站起来想要走，但是鲁迅先生和许先生一再说再坐一下："十二点以前终归有车子可搭的。"所以一直坐到将近十二点，才穿起雨衣来，打开客厅外边的响着的铁门，鲁迅先生非要送到铁门外不可。我想为什么他一定要送呢？对于这样年轻的客人，这样的送是应该的吗？雨不会打湿了头发，受了寒伤风不又要继续下去吗？站在铁门外边，鲁迅先生说，并且指着隔壁那家写着"茶"字的大牌子："下次来记住这个'茶'字，就是这个'茶'的隔壁。"而且伸出手去，几乎是触到了钉在铁门旁边的那个九号的"九"字，"下次来记住茶的旁边九号。"

于是脚踏着方块的水门汀，走出弄堂来，回过身去往院子里边看了一看，鲁迅先生那一排房子统统是黑洞洞的，若不是告诉的那样清楚，下次来恐怕要记不住的。

鲁迅先生的卧室，一张铁架大床，床顶上遮着许先生亲手做的白布刺花的围子，顺着床的一边折着两床被子，都是很厚的，是花洋布的被面。挨着门口的床头的方面站着抽屉柜。一进门的左手摆着八仙桌，桌子的两旁藤椅各一。立柜站在和方桌一排的墙角，立柜本是挂衣服的，衣裳却很少，都让糖盒子、饼干桶子、瓜子罐给塞满了。有一次××老板的太太来拿版权的图章花，鲁迅先生就从立柜下边大抽屉里取出的。沿着墙角往窗子那边走，有一张装饰台，桌子上有一个方形的满浮着绿草的玻璃养鱼池，里边游着的不是金鱼而是灰色的扁肚子的小鱼。除了鱼池之外另有一只圆的表，其余那上边满装着书。铁床架靠窗子的那头的书柜里书柜外都是书。最后是鲁迅先生的写字台，那上边也都是书。

　　鲁迅先生家里，从楼上到楼下，没有一个沙发。鲁迅先生工作时坐的椅子是硬的，休息时的藤椅是硬的，到楼下陪客人时坐的椅子又是硬的。

　　鲁迅先生的写字台面向着窗子，上海弄堂房子的窗子差不多满一面墙那么大，鲁迅先生把它关起来，因为鲁迅先生工作起来有一个习惯，怕吹风，风一吹，纸就动，时时防备着纸跑，文章就写不好。所以屋子里热得和蒸笼似的，请鲁迅先生到楼下去，他又不肯，鲁迅先生的习惯是不换地方。有时太阳照进来，许先生劝他把书桌移开一点都不肯。只有满身流汗。

　　鲁迅先生的写字桌，铺了一张蓝格子的油漆布，四角都用图钉按着。桌子上有小砚台一方，墨一块，毛笔站在笔架上。笔架是烧瓷的，在我看来不很细致，是一个龟，龟背上带着好几个洞，笔就插在那洞里，鲁迅先生多半是用毛笔的，钢笔也不是没有，是放在抽屉里。桌上有一个方大的白瓷的烟灰盒，还有一个茶杯，杯子上戴着盖。

　　鲁迅先生的习惯与别人不同，写文章用的材料和来信都压在桌子上，把桌子都压得满满的，几乎只有写字的地方可以伸开手，其余桌子的一半被书或纸张占有着。

左手边的桌角上有一个带绿灯罩的台灯，那灯泡是横着装的，在上海那是极普通的台灯。

冬天在楼上吃饭，鲁迅先生自己拉着电线把台灯的机关从棚顶的灯头上拔下，而后装上灯泡子。等饭吃过了，许先生再把电线装起来，鲁迅先生的台灯就是这样做成的，拖着一根长长的电线在棚顶上。

鲁迅先生的文章，多半是在这台灯下写的。因为鲁迅先生的工作时间，多半是下半夜一两点起，天将明了休息。

卧室就是如此，墙上挂着海婴公子一个月婴孩的油画像。

挨着卧室的后楼里边，完全是书了，不十分整齐，报纸和杂志或洋装的书，都混在这间屋子里，一走进去多少还有些纸张气味。地板被书遮盖得太小了，几乎没有了，大网篮也堆在书中。墙上拉着一条绳子或者是铁丝，就在那上边系了小提盒、铁丝笼之类。风干荸荠就盛在铁丝笼，扯着的那铁丝几乎被压断了在弯弯着。一推开藏书室的窗子，窗子外边还挂着一筐风干荸荠。

"吃吧，多得很，风干的，格外甜。"许先生说。

楼下厨房传来了煎菜的锅铲的响声，并且两个年老的娘姨慢重重地在讲一些什么。

厨房是家庭最热闹的一部分。整个三层楼都是静静的，喊娘姨的声音没有，在楼梯上跑来跑去的声音没有。鲁迅先生家里五六间房子只住着五个人，三位是先生的全家，余下的二位是年老的女用人。

来了客人都是许先生亲自倒茶，即或是麻烦到娘姨时，也是许先生下楼去吩咐，绝没有站到楼梯口就大声呼唤的时候。所以整个的房子都在静悄悄之中。

只有厨房比较热闹了一点，自来水哗哗地流着，洋瓷盆在水门汀的水池子上每拖一下磨着嚓嚓地响，洗米的声音也是嚓嚓的。鲁迅先生很喜欢吃竹笋的,在菜板上切着笋片笋丝时,刀刃每划下去都是很响的。其实比起别人家的厨房来却冷清极了,所以洗米声和切笋声都分开来听得样样清清晰晰。

客厅的一边摆着并排的两个书架,书架是带玻璃橱的,里边有朵斯托益夫斯基的全集和别的外国作家的全集,大半都是日文译本。地板上没有地毯,但擦得非常干净。

海婴公子的玩具橱也站在客厅里,里边是些毛猴子,橡皮人,火车汽车之类,里边装得满满的,别人是数不清的,只有海婴自己伸手到里边找些什么就有什么。过新年时在街上买的兔子灯,纸毛上已经落了灰尘了,仍摆在玩具橱顶上。

客厅只有一个灯头,大概五十烛光。客厅的后门对着上楼的楼梯,前门一打开有一个一方丈大小的花园,花园里没有什么花看,只有一株很高的七八尺高的小树,大概那树是柳桃,一到了春天,喜欢生长蚜虫,忙得许先生拿着喷蚊虫的机器,一边陪着谈话,一边喷着杀虫药水。沿着墙根,种了一排玉米,许先生说:"这玉米长不大的,这土是没有养料的,海婴一定要种。"

春天,海婴在花园里掘着泥沙,培植着各种玩意。

三楼则特别静了,向着太阳开着两扇玻璃门,门外有一个水门汀的突出的小廊子,春天很温暖地抚摸着门口长垂着的帘子,有时帘子被风打得很高,飘扬的饱满的和大鱼泡似的。那时候隔院的绿树照进玻璃门扇里边来了。

海婴坐在地板上装着小工程师在修着一座楼房,他那楼房是用椅子横倒了架起来修的,而后遮起一张被单来算作屋瓦。全个房子在他自己拍着手的赞誉声中完成了。

这间屋感到些空旷和寂寞,既不像女工住的屋子,又不像儿童室。海婴的眠床靠着屋子的一边放着,那大圆顶帐子日里也不打起来,长拖拖的好像从棚顶一直拖到地板上,那床是非常讲究的,属于刻花的木器一类的。许先生讲过,租这房子时,从前一个房客转留下来的。海婴和他的保姆,就睡在五六尺宽的大床上。

冬天烧过的火炉,三月里还冷冰冰的在地板上站着。

海婴不大在三楼上玩的,除了到学校去,就是在院子里踏脚踏车,他非常喜欢跑跳,所以厨房,客厅,二楼,他是无处不跑的。

三楼整天在高处空着,三楼的后楼住着另一个老女工,一天很少上楼来,所以楼梯擦过之后,一天到晚干净的溜明。

一九三六年三月里鲁迅先生病了,靠在二楼的躺椅上,心脏跳动得比平日厉害,脸色略微灰了一点。

许先生正相反的,脸色是红的,眼睛显得大了,讲话的声音是平静的,态度并没有比平日慌张。在楼下,一走进客厅来许先生就告诉说:"周先生病了,气喘……喘得厉害,在楼上靠在躺椅上。"

鲁迅先生呼喘的声音,不用走到他的旁边,一进了卧室就听得到的。鼻子和胡须在扇着,胸部一起一落。眼睛闭着,差不多永久不离开手的纸烟,也放弃了。藤躺椅后边靠着枕头,鲁迅先生的头有些向后,两只手空闲地垂着。眉头仍和平日一样没有聚皱,脸上是平静的,舒展的,似乎并没有任何痛苦加在身上。

"来了吗?"鲁迅先生睁一睁眼睛,"不小心,着了凉……呼吸困难……到藏书的房子去翻一翻书……那房子因为没有人住,特别凉……回来就……"

许先生看周先生说话吃力,赶紧接着说周先生是怎样气喘的。

医生看过了,吃了药,但喘并未停。下午医生又来过,刚刚走。

卧室在黄昏里边一点一点地暗下去,外边起了一点小风,隔院的树被风摇着发响。别人家的窗子有的被风打着发出自动关开的响声,家家的流水道都是哗啦哗啦地响着水声,一定是晚餐之后洗着杯盘的剩水。晚餐后该散步的散步去了,该会朋友的会友去了,弄堂里来去的稀疏不断地走着人,而娘姨们还没有解掉围裙呢,就依着后门彼此搭讪起来。小孩子们三五一伙前门后门地跑着,弄堂外汽车穿来穿去。

鲁迅先生坐在躺椅上,沉静地,不动地阖着眼睛,略微灰了的脸色被炉里的火光染红了一点。纸烟听子蹲在书桌上,盖着盖子,茶杯也蹲在桌子上。

许先生轻轻地在楼梯上走着,许先生一到楼下去,二楼就只剩了鲁迅先生一个人坐在椅子上,呼喘把鲁迅先生的胸部有规律性的抬得高高的。

"鲁迅先生必得休息的。"须藤老医生这样说的。可是鲁迅先生从此不但没有休息,并且脑子里所想的更多了,要做的事情都像非立刻就做不可,校《海上述林》的校样,印珂勒惠支的画,翻译《死魂灵》下部;刚好了,这些就都一起开始了,还计算着出三十年集(即《鲁迅全集》)。

鲁迅先生感到自己的身体不好,就更没有时间注意身体,所以要多作,赶快作。当时大家不解其中的意思,都以为鲁迅先生不加以休息不以为然,后来读了鲁迅先生《死》的那篇文章才了然。

鲁迅先生知道自己的健康不成了,工作的时间没有几年了,死了是不要紧的,只要留给人类更多,鲁迅先生就是这样。

不久书桌上德文字典和日文字典都摆起来了,果戈里的《死魂灵》,又开始翻译了。

鲁迅先生的身体不大好,容易伤风,伤风之后,照常要陪客人,回信,校稿子。所以伤风之后总要拖下去一个月或半个月的。

瞿秋白的《海上述林》校样,一九三五年冬,一九三六年的春天，鲁迅先生不断地校着，几十万字的校样，要看三遍，而印刷所送校样来总是十页八页的，并不是统统一道地送来，所以鲁迅先生不断地被这校样催索着，鲁迅先生竟说："看吧，一边陪着你们谈话，一边看校样，眼睛可以看，耳朵可以听……"

有时客人来了，一边说着笑话，鲁迅先生一边放下了笔。有的时候也说："剩几个字了……请坐一坐……"

一九三五年冬天许先生说："周先生的身体是不如从前了。"

有一次鲁迅先生到饭馆里去请客，来的时候兴致很好，还记得那次吃了一只烤鸭子，整个的鸭子用大钢叉子叉上来时，大家看这鸭子烤的又油又亮的，鲁迅先生也笑了。

菜刚上满了，鲁迅先生就到竹躺椅上吸一支烟，并且阖一阖眼睛。一吃完了饭，有的喝了酒的，大家都闹乱了起来，彼此抢着苹果，彼此讽刺着玩，说着一些刺人可笑的话。而鲁迅先生这时候，坐在躺椅上，阖着眼睛，很庄严地在沉默着，让拿在手上纸烟的烟丝，袅袅地上升着。

别人以为鲁迅先生也是喝多了酒吧！

许先生说，并不的。

"周先生的身体是不如从前了，吃过了饭总要闭一闭眼睛稍微休息一下，从前一向没有这习惯。"

周先生从椅子上站起来了，大概说他喝多了酒的话让他听到了。

"我不多喝酒的，小的时候，母亲常提到父亲喝了酒，脾气怎样坏，母亲说，长大了不要喝酒，不要像父亲那样子……所以我不多喝的……从来没喝醉过……"

鲁迅先生休息好了，换了一支烟，站起来也去拿苹果吃，可是苹果没有了。鲁迅先生说："我争不过你们了，苹果让你们抢没了。"

有人抢到手的还在保存着的苹果，奉献出来，鲁迅先生没有吃，只在吸烟。一九三六年春，鲁迅先生的身体不大好，但没有什么病，吃过了夜饭，坐在躺椅上，总要闭一闭眼睛沉静一会。

许先生对我说，周先生在北平时，有时开着玩笑，手按着桌子一跃就能够跃过去，而近年来没有这么做过。大概没有以前那么灵便了。

这话许先生和我是私下讲的，鲁迅先生没有听见，仍靠在躺椅上沉默着呢。

许先生开了火炉的门，装着煤炭哗哗地响，把鲁迅先生震醒了。一讲起话来鲁迅先生的精神又照常一样。

鲁迅先生睡在二楼的床上已经一个多月了，气喘虽然停止，但每天发热，尤其是在下午热度总在三十八度三十九度之间，有时也到三十九度多，那时鲁迅先生的脸是微红的，目力是疲弱的，不吃东西，不大多睡，没有一些呻吟，似乎全身都没有什么痛楚的地方。躺在床上的时候张开眼睛看看，有的时候似睡非睡的安静地躺着，茶吃得很少。差不多一刻也不停地吸烟，而今几乎完全放弃了，纸烟听子不放在床边，而仍很远的蹲在书桌上，若想吸一支，是请许先生付给的。

许先生从鲁迅先生病起，更过度地忙了。按着时间给鲁迅先生吃药，按着时间给鲁迅先生试温度表，试过了之后还要把一张医生发给的表格填好，那表格是一张硬纸，上面画了无数根线，许先生就在这张纸上拿着米度尺画着度数，那表画得和尖尖的小山丘似的，又像尖尖的水晶石，高的低的一排连地站着。许先生虽然每天画，但那像是一条接连不断的线，不过从低处到高处，从高处到低处，这高峰越高越不好，也就是鲁迅先生的热度越高了。

来看鲁迅先生的人，多半都不到楼上来了，为的是请鲁迅先生好好地静养，所以把客人这些事也推到许先生身上来了。还有书、报、信，都要许先生看过，必要的就告诉鲁迅先生，不十分必要的，就先把它放在一处放一放，等鲁迅先生好些了再取出来交给他。然而这家庭里边还有许多琐事，比方年老的娘姨病了，要请两天假；海婴的牙齿脱掉一个要到牙医那里去看过，但是带他去的人没有，又得许先生。海婴在幼稚园里读书，又是买铅笔，买皮球，还有临时出些个花头，跑上楼来了，说要吃什么花生糖，什么牛奶糖，他上楼来是一边跑着一边喊着，许先生连忙拉住了他，拉他下了楼才跟他讲"爸爸病啦"，而后拿出钱来，嘱咐好了娘姨，只买几块糖而不准让他格外的多买。

收电灯费的来了，在楼下一打门，许先生就得赶快往楼下跑，怕的是再多打几下，就要惊醒了鲁迅先生。

海婴最喜欢听讲故事，这也是无限的麻烦，许先生除了陪海婴讲故事之外，还要在长桌上偷一点工夫来看鲁迅先生为着病耽搁下来的尚未校完的校样。

在这期间，许先生比鲁迅先生更要担当一切了。

鲁迅先生吃饭，是在楼上单开一桌，那仅仅是一个方木盘，许先生每餐亲手端到楼上去，那黑油漆的方木盘中摆着三四样小菜，每样都用小吃碟盛着，那小吃碟直径不过二寸，一碟豌豆苗或菠菜或苋菜，把黄花鱼或者鸡之类也放在小碟里端上楼去。若是鸡，那鸡也是全鸡身上最好的一块地方拣下来的肉；若是鱼，也是鱼身上最好一部分，许先生才把它拣下放在小碟里。

许先生用筷子来回地翻着楼下的饭桌上菜碗里的东西，菜要嫩的，不要茎，只要叶，鱼肉之类，拣烧得软的，没有骨头没有刺的。

心里存着无限的期望，无限的要求，用了比祈祷更虔诚的时光，许先生看着她自己手里选得精精致致的菜盘子，而后脚板踩了楼梯上了楼。

　　希望鲁迅先生多吃一口,多动一动筷,多喝一口鸡汤。鸡汤和牛奶是医生所嘱的,一定要多吃一些的。

　　把饭送上去,有时许先生陪在旁边,有时走下楼来又做些别的事,半个钟头之后,到楼上去取这盘子。这盘子装得满满的,有时竟照原样一动也没有动又端下来了,这时候许先生的眉头微微地皱了一点。旁边若有什么朋友,许先生就说:"周先生的热度高,什么也吃不落,连茶也不愿意吃,人很苦,人很吃力。"

　　有一天许先生用波浪式的专门切面包的刀切着面包,是在客厅后边方桌上切的,许先生一边切着一边对我说:"劝周先生多吃些东西,周先生说,人好了再保养,现在勉强吃也是没用的。"

　　许先生接着似乎问着我:"这也是对的?"

　　而后把牛奶面包送上楼去了。一碗烧好的鸡汤,从方盘里许先生把它端出来了,就摆在客厅后的方桌上。许先生上楼去了,那碗热的鸡汤在方桌子上自己悠然地冒着热气。

　　许先生由楼上回来还说呢:"周先生平常就不喜欢吃汤之类,在病里,更勉强不下了。"

　　那已经送上去的牛奶又带下来了。

　　许先生似乎安慰着自己似的。

　　"周先生人强,喜欢吃硬的,油炸的,就是吃饭也喜欢吃硬饭……"

　　许先生楼上楼下地跑,呼吸有些不平静,坐在她旁边,似乎可以听到她心脏的跳动。

　　鲁迅先生开始独桌吃饭以后,客人多半不上楼来了,经许先生婉言把鲁迅先生健康的经过报告了之后就走了。

　　鲁迅先生在楼上一天一天地睡下去,睡了许多日子,都寂寞了,有时大概热度低了点就问许先生:"什么人来过吗?"

看鲁迅先生精神好些,就一一地报告过。

有时也问到有什么刊物来吗。

鲁迅先生病了一个多月了。

证明了鲁迅先生是肺病,并且是肋膜炎,须藤老医生每天来了,为鲁迅先生把肋膜积水用打针的方法抽净,共抽过两三次。

这样的病,为什么鲁迅先生一点也不晓得呢?许先生说,周先生有时觉得肋痛了就自己忍着不说,所以连许先生也不知道,鲁迅先生怕别人晓得了又要不放心,又要看医生,医生一定又要说休息。鲁迅先生自己知道做不到的。

福民医院美国医生的检查,说鲁迅先生肺病已经二十年了。这次发了怕是很严重。

医生规定个日子,请鲁迅先生到福民医院去详细检查,要照X光的。

但鲁迅先生当时就下楼是下不得的,又过了许多天,鲁迅先生到福民医院去检查病去了。照X光后给鲁迅先生照了一个全部的肺部的照片。

这照片取来的那天许先生在楼下给大家看了,右肺的上尖是黑的,中部也黑了一块,左肺的下半部都不大好,而沿着左肺的边边黑了一大圈。

这之后,鲁迅先生的热度仍高,若再这样热度不退,就很难抵抗了。

那查病的美国医生,只查病,而不给药吃,他相信药是没有用的。

须藤老医生,鲁迅先生早就认识,所以每天来,他给鲁迅先生吃了些退热药,还吃停止肺病菌活动的药。他说若肺不再坏下去,就停止在这里,热自然就退了,人是不危险的。

在楼下的客厅里,许先生哭了。许先生手里拿着一团毛线,那是海婴的毛线衣拆了洗过之后又团起来的。

鲁迅先生在无欲望状态中,什么也不吃,什么也不想,睡觉似睡非睡的。

天气热起来了,客厅的门窗都打开着,阳光跳跃在门外的花园里。麻雀来了停在夹竹桃上叫了三两声就飞去,院子里的小孩子们叽叽喳喳地玩耍着,风吹进来好像带着热气,扑到人的身上,天气刚刚发芽的春天,变为夏天了。

楼上老医生和鲁迅先生谈话的声音隐约可以听到。

楼下又来了客人,来的人总要问:"周先生好一点吗?"

许先生照常说:"还是那样子。"

但今天说了眼泪又流了满脸。一边拿起杯子来给客人倒茶,一边用左手拿着手帕按着鼻子。

客人问:"周先生又不大好吗?"

许先生说:"没有的,是我心窄。"

过了一会鲁迅先生要找什么东西,喊许先生上楼去,许先生连忙擦着眼睛,想说她不上楼的,但左右看了一看,没有人能代替了她,于是带着她那团还没有缠完的毛线球上楼去了。

楼上坐着老医生,还有两位探望鲁迅先生的客人。许先生一看了他们就自己低了头不好意思地笑了,她不敢到鲁迅先生的面前去,背转着身问鲁迅先生要什么呢,而后又是慌忙地把毛线缕挂在手上缠了起来。

一直到送老医生下楼,许先生都是把背向着鲁迅先生而站着的。

每次老医生走,许先生都是替老医生提着皮提包送到前门外的。许先生愉快地、沉静地带着笑容打开铁门闩,很恭敬地把皮包交给老医生,眼看着老医生走了才进来关了门。

这老医生出入在鲁迅先生的家里，连老娘姨对他都是尊敬的，医生从楼上下来时，娘姨若在楼梯的半道，赶快下来躲开，站到楼梯的旁边。有一天老娘姨端着一个杯子上楼，楼上医生和许先生一道下来了，那老娘姨躲闪不灵，急得把杯里的茶都颠出来了。等医生走过去，已经走出了前门，老娘姨还在那里呆呆地望着。

"周先生好了点吧？"有一天许先生不在家，我问着老娘姨。

她说："谁晓得，医生天天看过了不声不响地就走了。"

可见老娘姨对医生每天是怀着期望的眼光看着他的。

许先生很镇静，没有紊乱的神色，虽然说那天当着人哭过一次，但该做什么，仍是做什么，毛线该洗的已经洗了，晒的已经晒起，晒干了的随手就把它团起团子。

"海婴的毛线衣，每年拆一次，洗过之后再重打起，人一年一年地长，衣裳一年穿过，一年就小了。"

在楼下陪着熟的客人，一边谈着，一边开始手里动着竹针。

这种事情许先生是偷空就做的，夏天就开始预备着冬天的，冬天就做夏天的。

许先生自己常常说："我是无事忙。"

这话很客气，但忙是真的，每一餐饭，都好像没有安静地吃过。海婴一会要这个，要那个；若一有客人，上街临时买菜，下厨房煎炒还不说，就是摆到桌子上来，还要从菜碗里为着客人选好的夹过去。饭后又是吃水果，若吃苹果还要把皮削掉，若吃荸荠，看客人削得慢而不好也要削了送给客人吃，那时鲁迅先生还没有生病。

许先生除了打毛线衣之外，还用机器缝衣裳，剪裁了许多件海婴的内衫裤在窗下缝。

因此许先生对自己忽略了，每天上下楼跑着，所穿的衣裳都是旧的，次数洗得太多，纽扣都洗脱了，也磨破了，都是几年前的旧衣裳，春天时许先生穿了一件紫红宁绸袍子，那料子是海婴在婴孩时候别人送给海婴做被子的礼物。做被子，许先生说很可惜，就拣起来做一件袍子。正说着，海婴来了，许先生使眼神，且不要提到，若提到海婴又要麻烦起来了，一定要说是他的，他就要要。

许先生冬天穿一双大棉鞋，是她自己做的。一直到二三月早晚冷时还穿着。

有一次我和许先生在小花园里拍一张照片，许先生说她的纽扣掉了，还拉着我站在她前边遮着她。

许先生买东西也总是到便宜的店铺去买，再不然，到减价的地方去买。

处处俭省，把俭省下来的钱，都印了书和印了画。

现在许先生在窗下缝着衣裳，机器声格哒格哒的，震着玻璃门有些颤抖。

窗外的黄昏，窗内许先生低着的头，楼上鲁迅先生的咳嗽声，都搅混在一起了，重续着、埋藏着力量。在痛苦中，在悲哀中，一种对于生的强烈的愿望站得和强烈的火焰那样坚定。

许先生的手指把捉了在缝的那张布片，头有时随着机器的力量低沉了一两下。

许先生的面容是宁静的、庄严的、没有恐惧的，她坦荡的在使用着机器。

海婴在玩着一大堆黄色的小药瓶，用一个纸盒子盛着，端起来楼上楼下地跑。向着阳光照是金色的，平放着是咖啡色的，他召集了小朋友来，他向他们展览，向他们夸耀，这种玩艺只有他有而别人不能有。他说："这是爸爸打药针的药瓶，你们有吗？"

别人不能有，于是他拍着手骄傲地呼叫起来。

许先生一边招呼着他,不叫他喊,一边下楼来了。

"周先生好了些?"见了许先生大家都是这样问的。

"还是那样子,"许先生说,随手抓起一个海婴的药瓶来,"这不是么,这许多瓶子,每天打针,药瓶子也积了一大堆。"

许先生一拿起那药瓶,海婴上来就要过去,很宝贵地赶快把那小瓶摆到纸盒里。

在长桌上摆着许先生自己亲手做的蒙着茶壶的棉罩子,从那蓝缎子的花罩子下拿着茶壶倒着茶。

楼上楼下都是静的了,只有海婴快活的和小朋友们的吵嚷躲在太阳里跳荡。

海婴每晚临睡时必向爸爸妈妈说"明朝会"!

有一天他站在上三楼去的楼梯口上喊着:"爸爸,明朝会!"

鲁迅先生那时正病的沉重,喉咙里边似乎有痰,那回答的声音很小,海婴没有听到,于是他又喊:"爸爸,明朝会!"

他等一等,听不到回答的声音,他就大声地连串地喊起来:"爸爸,明朝会,爸爸,明朝会,……爸爸,明朝会……"

他的保姆在前边往楼上拖他,说是爸爸睡下了,不要喊了。

可是他怎么能够听呢,仍旧喊。

这时鲁迅先生说"明朝会"还没有说出来,喉咙里边就像有东西在那里堵塞着,声音无论如何放不大。到后来,鲁迅先生挣扎着把头抬起来才很大声地说出:"明朝会,明朝会。"

说完了就咳嗽起来。

许先生被惊动得从楼下跑来了,不住地训斥着海婴。

海婴一边哭着一边上楼去了,嘴里唠叨着:"爸爸是个聋人哪!"

鲁迅先生没有听到海婴的话,还在那里咳嗽着。

鲁迅先生在四月里,曾经好了一点,有一天下楼去赴一个约会,把衣裳穿得整整齐齐,手下夹着黑花布包袱,戴起帽子来,出门就走。

许先生在楼下正陪客人,看鲁迅先生下来了,赶快说:"走不得吧,还是坐车子去吧。"

鲁迅先生说:"不要紧,走得动的。"

许先生再加以劝说,又去拿零钱给鲁迅先生带着。

鲁迅先生说不要不要,坚决地走了。

"鲁迅先生的脾气很刚强。"许先生无可奈何的,只说了这一句。

鲁迅先生晚上回来,热度增高了。

鲁迅先生说:"坐车子实在麻烦,没有几步路,一走就到。还有,好久不出去,愿意走走……动一动就出毛病……还是动不得……"

病压服着鲁迅先生又躺下了。

七月里,鲁迅先生又好些。

药每天吃,记温度的表格照例每天好几次在那里画,老医生还是照常地来,说鲁迅先生就要好起来了。说肺部的菌已经停止了一大半,肋膜也好了。

客人来差不多都要到楼上来拜望拜望。鲁迅先生带着久病初愈的心情,又谈起话来,披了一张毛巾子坐在躺椅上,纸烟又拿在手里了,又谈翻译,又谈某刊物。

一个月没有上楼去,忽然上楼还有些心不安,我一进卧室的门,觉得站也没地方站,坐也不知坐在哪里。

许先生让我吃茶,我就依着桌子边站着。好像没有看见那茶杯似的。

鲁迅先生大概看出我的不安来了,便说:"人瘦了,这样瘦是不成的,要多吃点。"

鲁迅先生又在说玩笑话了。

"多吃就胖了,那么周先生为什么不多吃点？"

鲁迅先生听了这话就笑了,笑声是明朗的。从七月以后鲁迅先生一天天地好起来了,牛奶,鸡汤之类,为了医生所嘱也隔三差五地吃着,人虽是瘦了,但精神是好的。

鲁迅先生说自己体质的本质是好的,若差一点的,就让病打倒了。

这一次鲁迅先生保持了很长时间,没有下楼更没有到外边去过。

在病中,鲁迅先生不看报,不看书,只是安静地躺着。但有一张小画是鲁迅先生放在床边上不断看着的。

那张画,鲁迅先生未生病时,和许多画一道拿给大家看过的,小得和纸烟包里抽出来的那画片差不多。那上边画着一个穿大长裙子、飞散着头发的女人在大风里边跑,在她旁边的地面上还有小小的红玫瑰的花朵。

记得是一张苏联某画家着色的木刻。

鲁迅先生有很多画,为什么只选了这张放在枕边。

许先生告诉我的,她也不知道鲁迅先生为什么常常看这小画。

有人来问他这样那样的,他说："你们自己学着做,若没有我呢！"

这一次鲁迅先生好了。

还有一样不同的,觉得做事要多做……

鲁迅先生以为自己好了,别人也以为鲁迅先生好了。

准备冬天要庆祝鲁迅先生工作三十年。

又过了三个月。

一九三六年十月十七日,鲁迅先生病又发了,又是气喘。

十七日,一夜未眠。

十八日,终日喘着。

十九日的下半夜,人衰弱到极点了。天将发白时,鲁迅先生就像他平日一样,工作完了,他休息了。

1938 年 10 月

# 鲁迅先生记(一)

鲁迅先生家里的花瓶，好像画上所见的西洋女子用以取水的瓶子，灰蓝色，有点从瓷釉而自然堆起的纹痕，瓶口的两边，还有两个瓶耳，瓶里种的是几棵万年青。

我第一次看到这花的时候，我就问过："这叫什么名字？屋里不生火炉，也不冻死？"

第一次，走进鲁迅家里去，那是近黄昏的时节，而且是个冬天，所以那楼下室稍微有一点暗，同时鲁迅先生的纸烟，当它离开嘴边而停在桌角的地方，那烟纹的卷痕一直升腾到他有一些白丝的发梢那么高。而且再升腾就看不见了。

"这花，叫'万年青'，永久这样！"他在花瓶旁边的烟灰盒中，抖掉了纸烟上的灰烬，那红的烟火，就越红了，好像一朵小红花似的，和他的袖口相距离着。

"这花不怕冻？"以后，我又问过，记不得是在什么时候了。

许先生说："不怕的，最耐久！"而且她还拿着瓶口给我摇着。

我还看到了那花瓶的底边是一些圆石子，以后，因为熟识了的缘故，我就自己动手看过一两次，又加上这花瓶是常常摆在客厅的黑色长桌上；又加上自己是来在寒带的北方，对于这在四季里都不凋零的植物，总带着一点惊奇。

而现在这"万年青"依旧活着，每次到许先生家去，看到那花,有时仍站在那黑色的长桌子上,有时站在鲁迅先生照相的前面。

花瓶是换了,用一个玻璃瓶装着,看得到淡黄色的须根,站在瓶底。

有时候许先生一面和我们谈论着,一面检查着房中所有的花草。看一看叶子是不是黄了,该剪掉的剪掉;该洒水的洒水,因为不停地动作是她的习惯。有时候就检查着这"万年青",有时候就谈着鲁迅先生,就在他的照相前面谈着,但那感觉,却像谈着古人那么悠远了。

至于那花瓶呢?站在墓地的青草上面去了,而且瓶底已经丢失,虽然丢失了也就让它空空地站在墓边。我所看到的是从春天一直站到秋天;它一直站到邻旁墓头的石榴树开了花而后结成了石榴。

从开炮以后,只有许先生绕道去过一次,别人就没有去过。当然那墓草是长得很高了,而且荒了,还说什么花瓶,恐怕鲁迅先生的瓷半身像也要被荒了的草埋没到他的胸口。

我们在这边,只能写纪念鲁迅先生的文章,而谁去努力剪齐墓上的荒草?我们是越去越远了,但无论多么远,那荒草是总要记在心上的。

1938 年

# 鲁迅先生记(二)

在我住所的北边,有一带小高坡,那上面种的或是松树,或是柏树。它们在雨天里,就像同在夜雾里一样,是那么朦胧而且又那么宁静!好像飞在枝间的鸟雀羽翼的音响我都能够听到。

但我真的听得到的,却还是我自己脚步的声音,间或从人家墙头的树叶落到雨伞上的大水点特别地响着。

那天,我走在道上,我看着伞翅上不住地滴水。

"鲁迅是死了吗?"

于是心跳了起来,不能把"死"和鲁迅先生这样的字样相连接,所以左右反复着的是那个饭馆里下女的金牙齿,那些吃早餐的人的眼镜,雨伞,他们好像小型木凳似的雨鞋;最后我还想起了那张贴在厨房边的大画,一个女人,抱着一个举着小旗的很胖的孩子,小旗上面就写着:"富国强兵";所以以后,一想到鲁迅的死,就想到那个很胖的孩子。

我已经打开了房东的格子门,可是我无论如何也走不进来,我气恼着:我怎么忽然变大了?

女房东正在瓦斯炉旁斩断一根萝卜,她抓住了她白色的围裙开始好像鸽子似的在笑:"伞……伞……"

原来我好像要撑着伞走上楼去。

她的肥胖的脚掌和男人的一样,并且那金牙齿也和那饭馆里下女的金牙齿一样。日本女人多半镶了金牙齿。

我看到有一张报纸上的标题是鲁迅的"偲"。这个偲字,我翻了字典,在我们中国的字典上并没有这个字。而文章上的句子里,"逝世,逝世"这字样有过好几个,到底是谁逝世了呢?因为是日文报纸看不懂之故。

第二天早晨,我又在那个饭馆里在什么报的文艺篇幅上看到了"逝世,逝世",再看下去,就看到"损失"或"殒星"之类。这回,我难过了,我的饭吃了一半,我就回家了。

一走上楼,那空虚的心脏,像铃子似的闹着,而前房里的老太婆在打扫着窗棂和席子的噼啪声,好像在拍打着我的衣裳那么使我感到沉重。在我看来,虽是早晨,窗外的太阳好像正午一样大了。

我赶快乘了电车,去看××。我在东京的时候,朋友和熟人,只有她。车子向着东中野市郊开去,车上本不拥挤,但我是站着,"逝世,逝世",逝世的就是鲁迅?路上看了不少的山、树和人家,它们却是那么平安、温暖和愉快!

我的脸几乎是贴在玻璃上,为的是躲避车上的烦扰,但又有谁知道,那从玻璃吸收来的车轮声和机械声,会疑心这车子是从山崖上滚下来了。

××在走廊边上,刷着一双鞋子,她的扁桃腺炎还没有全好,看见了我,颈子有些不会转弯地向我说:"啊!你来得这样早!"

我把我来的事情告诉她,她说她不相信。因为这事情我也不愿意它是真的,于是找了一张报纸来读。

"这些日子病得连报也不订,也不看了。"她一边翻着那在长桌上的报纸,一边用手在摸抚着颈间的药布。

而后,她查了查日文字典,她说那个"偲"字是个印象的意思,是面影的意思。她说一定有人到上海访问了鲁迅回来写的。

我问她:"那么为什么有逝世在文章中呢?"我又想起来了,好像那文章上又说:鲁迅的房子有枪弹穿进来,而安静的鲁迅,竟坐在摇椅上摇着。①或者鲁迅是被枪打死的?日本水兵被杀事件,在电影上都看到了,北四川路又是戒严,又是搬家。鲁迅先生又是住的北四川路。

但她给我的解释,在阿Q心理上非常圆满,她说:"逝世"是从鲁迅的口中谈到别人的"逝世","枪弹"是鲁迅谈到"一·二八"时的枪弹,至于"坐在摇椅上",她说谈过去的事情,自然不用惊慌,安静地摇在摇椅上又有什么稀奇。

出来送我走的时候,她还说:"你这个人啊!不要神经质了!最近在《作家》上、《中流》上②他都写了文章,他的身体可见是在复原期中……"

她说我好像慌张得有点傻,但是我愿意听。于是在阿Q心理上我回来了。

我知道鲁迅先生是死了,那是二十二日,正是靖国神社开庙会的时节。我还未起来的时候,那天天空开裂的爆竹,发着白烟,一个跟着一个在升起来。隔壁的老太婆呼喊了我几次,她阿拉阿拉地向着那爆竹升起来的天空呼喊,她的头发上开始束了一条红绳。楼下,房东的孩子上楼来送我一块撒着米粒的糕点,我说谢谢他们,但我不知道在那孩子脸上接受了我怎样的眼睛。因为

---

① 1932年1月28日,日寇突然炮轰上海闸北,引起"淞沪之战",鲁迅的家处在炮火下,屋宇震动,玻璃炸碎,鲁迅与家人直到2月6日才在友人的协助下离开火线避难。

② 《作家》《中流》,上海的文学期刊。《作家》月刊,1936年4月创刊,11月休刊。《中流》半月刊,1936年创刊,次年8月停刊。

才到五岁的孩子,他带小碟下楼时,那碟沿还不时地在楼梯上磕碰着。他大概是害怕我。

靖国神社的庙会一直闹了三天,教员们讲些下女在庙会时节的故事,神的故事,和日本人拜神的故事,而学生们在满堂大笑,好像世界上并不知道鲁迅死了这回事。

有一天,一个眼睛好像金鱼眼睛的人,在黑板上写着:鲁迅先生大骂徐懋庸①,引起了文坛一场风波……茅盾起来讲和……

这字样一直没有擦掉。那卷发的,小小的,和中国人差不多的教员,他下课以后常常被人团聚着,谈些个两国不同的习惯和风俗。他的北京话说得很好,中国的旧文章和诗也读过一些。他讲话常常把眼睛从下往上看着:"鲁迅这个人,你觉得怎么样?"

我很奇怪,又像很害怕,为什么他向我说?结果晓得不是向我说。在我旁边那个位置上的人站起来了,有的教员点名的时候问过他:"你多大岁数?"他说他三十多岁。教员说:"我看你好像五十多岁的样子……"因为他的头发白了一半。

他作旧诗作得很多,秋天,中秋游日光,游浅草,而且还加上谱调读着。有一天他还让我看看,我说我不懂,别的同学有的借他的诗本去抄录。我听过了几次,有人问他:"你没再作诗吗?"

他答:"没有喝酒呢。"

他听到有人问他,他就站起来了:"我说……先生……鲁迅,这个人没有什么,没有什么了不起的,他的文章就是一个骂,而且人格上也不好,尖酸刻薄。"

他的黄色的小鼻子歪了一下。我想用手替他扭正过来。

---

① 指因国防文学和民族革命战争大众文学两个口号之争而引起的争论,事情指的是鲁迅作《答徐懋庸并关于抗日统一战线问题》一文。"大骂"的说法显然是错误的。

一个大个子,戴着四角帽子,他是"满洲国"的留学生,听说话的口音,还是我的同乡:"听说鲁迅不是反对'满洲国'的吗?"

那个日本教员,抬一抬肩膀,笑了一下:"嗯!"

过了几天,日华学会开鲁迅追悼会了。我们这一班中四十几个人,去追悼鲁迅先生的只有一位小姐。她回来的时候,全班的人都嘲笑她,她的脸红了,打开门,用脚尖向前走着,走得越轻越慢,而那鞋跟就越响。她穿的衣裳颜色一点也不调配,有时是一件红裙子绿上衣,有时是一件黄裙子红上衣。

这就是我在东京看到的这些不调配的人,以及鲁迅的死对他们激起怎样不调配的反应。

1937 年 8 月 22 日

## 骨架与灵魂

"五四"时代又来了。

在我们这块国土上,过了多么悲苦的日子。一切在绕着圈子,好像鬼打墙,东走走,西走走,而究竟是一步没有向前进。

我们离开了"五四",已经20多年了。凡是到了这日子,做文章的做文章、行仪式的行仪式,就好像一个拜他那英勇的祖先那样。

可是到了今天,已经拜了20多年,可没有想到,自己还要拿起刀枪来,照样地来演一遍。

这是始终不能想到的,而死的偶像又拜活了,把那在墓地里睡了多年的骨架,又装起灵魂来。

谁是那旧的骨架?是"五四"。谁是那骨架的灵魂?是我们,是新"五四"!

# 中秋节

记得青野送来一大瓶酒,董醉倒在地下,剩我自己也没得吃月饼。小屋寂寞的,我读着诗篇,自己过个中秋节。

我想到这里,我不愿再想,望着四面清冷的壁,望着窗外的天。我侧倒在床上,看一本书,一页,两页,许多页,不愿看。那么我听着桌子上的表,看着瓶里不知名的野花,我睡了。

那不是青野吗?带着枫叶进城来,在床沿大家默坐着。枫叶插在瓶里,放在桌上,后来枫叶干了坐在院心。常常有东西落在头上,啊,小圆枣滚在墙根外。枣树的命运渐渐完结着。晨间学校打钟了,正是上学的时候,梗妈穿起棉袄打着喷嚏在扫偎在墙根哭泣的落叶,我也打着喷嚏。梗妈捏了我的衣裳说:"九月时节穿单衣服,怕是害凉。"

董从他房里跑出,叫我多穿件衣服。

我不肯,经过阴凉的街道走进校门。在课室里可望到窗外黄叶的芭蕉。同学们一个跟着一个的向我问:"你真耐冷,还穿单衣。"

"你的脸为什么紫色呢?"

"倒是关外人……"

她们说着,拿女人专有的眼神闪视。

到晚间,喷嚏打得越多,头痛,两天不到校。上了几天课,又是两天不到校。

　　森森的天气紧逼着我,好像秋风逼着黄叶样,新历一月一日降雪了,我打起寒战。开了门望一望雪天,呀!我的衣裳薄得透明了,结了冰般地。跑回床上,床也结了冰般地。我在床上等着董哥,等得太阳偏西,董哥偏不回来。向梗妈借十个大铜板,于是吃烧饼和油条。

　　青野踏着白雪进城来,坐在椅间,他问:"绿叶怎么不起呢?"

　　梗妈说:"一天没起,没上学,可是董先生也出去一天了。"

　　青野穿的学生服,他摇摇头,又看了自己有洞的鞋底,走过来他站在床边又问:"头痛不?"把手放在我头上试热。

　　说完话他去了,可是太阳快落时,他又回转来。董和我都在猜想。他把两元钱放在梗妈手里,一会就是门外送煤的小车子哗铃的响,又一会小煤炉在地心红着。同时,青野的被子进了当铺,从那夜起,他的被子没有了,盖着褥子睡。

　　这已往的事,在梦里关不住了。

　　门响,我知道是三郎回来了,我望了望他,我又回到梦中。可是他在叫我:"起来吧,悄悄,我们到朋友家去吃月饼。"

　　他的声音使我心酸,我知道今晚连买米的钱都没有,所以起来了,去到朋友家吃月饼。人嚣着,经过菜市,也经过睡在路侧的僵尸,酒醉得晕晕的,走回家来,两人就睡在清凉的夜里。

　　三年过去了,现在我认识的是新人,可是他也和我一样穷困,使我记起三年前的中秋节来。

# 初　冬

初冬，我走在清凉的街道上，遇见了我的弟弟。
"莹姐，你走到哪里去？"
"随便走走吧！"
"我们去吃一杯咖啡，好不好，莹姐。"
咖啡店的窗子在帘幕下挂着苍白的霜层。我把领口脱着毛的外衣搭在衣架上。
我们开始搅着杯子铃啷的响了。
"天冷了吧！并且也太孤寂了，你还是回家的好。"弟弟的眼睛是深黑色的。
我摇了头，我说："你们学校的篮球队近来怎么样？还活跃吗？你还很热心吗？"
"我掷筐掷得更进步，可惜你总也没到我们球场上来了。你这样不畅快是不行的。"
我仍搅着杯子，也许漂流久了的心情，就和离了岸的海水一般，若非遇到大风是不会翻起的。我开始弄着手帕。弟弟再向我说什么我已不去听清他，仿佛自己是沉坠在深远的幻想的井里。
我不记得咖啡怎样被我吃干了杯了。茶匙在搅着空的杯子时，弟弟说："再来一杯吧！"
女侍者带着欢笑一般飞起的头发来到我们桌边，她又用很响亮的脚步摇摇地走了去。

也许因为清早或天寒,再没有人走进这咖啡店。在弟弟默默看着我的时候,在我的思想凝静得玻璃一般平的时候,壁间暖气管小小嘶鸣的声音都听得到了。

"天冷了,还是回家好,心情这样不畅快,长久了是无益的。"

"怎么!"

"太坏的心情与你有什么好处呢?"

"为什么要说我的心情不好呢?"

我们又都搅着杯子。有外国人走进来,那响着嗓子的、嘴不住在说的女人,就坐在我们的近边。她离得我越近,我越嗅到她满衣的香气,那使我感到她离得我更辽远,也感到全人类离得我更辽远。也许她那安闲而幸福的态度与我一点联系也没有。

我们搅着杯子,杯子不能像起初搅得发响了。街车好像渐渐多了起来,闪在窗子上的人影,迅速而且繁多了。隔着窗子,可以听到喑哑的笑声和喑哑的踏在行人道上的鞋子的声音。

"莹姐。"弟弟的眼睛深黑色的,"天冷了,再不能漂流下去,回家去吧!"弟弟说,"你的头发这样长了,怎么不到理发店去一次呢?"我不知道为什么被他这话所激动了。

也许要熄灭的灯火在我心中复燃起来,热力和光明鼓荡着我:"那样的家我是不想回去的。"

"那么漂流着,就这样漂流着?"弟弟的眼睛是深黑色的。他的杯子留在左手里边,另一只手在桌面上,手心向上翻张了开来,要在空间摸索着什么似的。最后,他是捉住自己的领巾。我看着他在抖动的嘴唇,"莹姐,我真担心你这个女浪人!"他牙齿好像更白了些,更大些,而且有力了,而且充满热情了。为热情而波动,他的嘴唇是那样的退去了颜色。并且他的全人有些近乎狂人,然而安静,完全被热情侵占着。

出了咖啡店,我们在结着薄碎的冰雪上面踏着脚。

初冬,早晨的红日扑着我们的头发,这样的红光使我感到欣快和寂寞。弟弟不住地在手下摇着帽子,肩头耸起了又落下了;心脏也是高了又低了。

渺小的同情者和被同情者离开了市街。

停在一个荒败的枣树园的前面时,他突然把很厚的手伸给了我,这是我们要告别了。

"我到学校去上课!"他脱开我的手,向着我相反的方向背转过去。可是走了几步,又转回来,"莹姐,我看你还是回家的好!"

"那样的家我是不能回去的,我不愿意受和我站在两极端的父亲的豢养……"

"那么你要钱用吗?"

"不要的。"

"那么,你就这个样子吗?你瘦了!你快要生病了!你的衣服也太薄啊!"弟弟的眼睛是深黑色的,充满着祈祷和愿望。我们又握过手,分别向不同的方向走去。

太阳在我的脸面上闪闪耀耀。仍和未遇见弟弟以前一样,我穿着街头,我无目的地走。寒风,刺着喉头,时时要发作小小的咳嗽。

弟弟留给我的是深黑色的眼睛,这在我散漫与孤独的流荡人的心板上,怎能不微温了一个时刻?

# 我之读世界语

我一见到懂世界语的朋友们,我总向他们发出几个难题,而这几个难题又总是同样的。

当我第一次走进上海世界语协会的时候,我的希望很高。我打算在一年之内,我要翻译关于文学的书籍,在半年之内我能够读报纸。偏偏第一课没有上,只是教世界语的那位先生把世界语讲解了一番。听他这一讲我更胆壮了。他说每一个名词的尾音是"o",每一个形容词的尾音是"a"……还有动词的尾音是什么,还有每一个单字的重音在最末的第二个母音上。而后读一读字母就下课了。

我想照他这样说还用得着半年吗?三个月我就要看短篇小说的。那天我就在世界语协会买了一本《小彼得》出来,而别人有用世界语说着"再见"!我一听也就会了,真是没有什么难。第二天我也就用世界语说着"再见"!

现在算起,这"再见"已经说了三四年了,奇怪的是并没有比再见更会说一句完整的话。这次在青年会开纪念柴门史诞辰八十周年纪念的时候,钟宪民先生给每个人带来一本《东方呼声》,若不是旁边注着中国字,我哪里看得懂这刊物叫什么名字呢?但是按照着世界语的名字读出来我竟不能够,可见我连字母都忘了。

我为什么没有接着学呢?说起来可笑得很,就因为每一个名词的字尾都是"o",形容词的字尾都是"a",一句话里总有几个"o"和"a"的,若连着说起来,就只听得"oo""aa",因为一"ooaa"就不好听,一不好听,我就不学了。

起初这理由我还不敢公开提出来,怕人家笑,但凡是下雨天我就不去世界语协会,后来连刮风我也不去,再后来就根本不去。那本《小彼得》总算勉勉强强读完了,一读完它就安安然然的不知睡到什么地方去了。

我一见到懂世界语的朋友们所提出来的难题,就是关于这"ooaa"这理由怎么能够成立呢?完全是一种怕困难的假词。

世界语虽然容易,但也不能够容易得一读就可以会的呀!大家都说:为什么学世界语的人不少而能够读书能讲话的却不多呢?就是把它看得太容易的缘故。

初学的世界语者们!要把它看得稍微难一点。

# 镀金的学说

我的伯伯,他是我童年唯一崇拜的人物,他说起话有洪亮的声音,并且他什么时候讲话总关于正理,至少那时候我觉得他的话是严肃的,有条理的,千真万对的。

那年我15岁,是秋天,无数张叶子落了,回旋在墙根了,我经过北门旁在寒风里号叫着的老榆树,那榆树的叶子也向我打来。可是我抖擞着跑进屋去,我是参加一个邻居姐姐出嫁的筵席回来。一边脱换我的新衣裳,一边同母亲说,那好像同母亲吵嚷一般:"妈,真的没有见过,婆家说新娘笨,也有人当面来羞辱新娘,说她站着的姿势不对,生(坐)着的姿势不好看,林姐姐一声也不作,假若是我呀!哼!……"

母亲说了几句同情的话,就在这样的当儿,我听清伯父在呼唤我的名字。他的声音是那样低沉,平素我是爱伯父的,可是也怕他,于是我心在小胸膛里边惊跳着走出外房去。我的两手下垂,就连视线也不敢放过去。

"你在那里讲究些什么话?很有趣哩!讲给我听听。"伯父说话的时候,他的眼睛流动,笑着,我知道他没有生气,并且我想他很愿意听我讲话。我就高声把那事又说了一遍,我且说且做出种种姿势来。等我说完的时候,我仍欢喜,说完了我把说话时跳打着的手足停下,静等着伯伯夸奖我呢!可是过了很多工夫,伯伯在桌子旁仍写他的文字。

对我好像没有反应,再等一会他对于我的讲话也绝对没有回响。至于我呢,我的小心房立刻感到压迫,我想我的错在什么地方?话讲的是很流利呀!讲话的速度也算是活泼呀!伯伯好像一块朽木塞住我的咽喉,我愿意快躲开他到别的房中去长叹一口气。

伯伯把笔放下了,声音也跟着来了:"你不说假若是你吗?是你又怎么样?你比别人更糟糕,下回少说这一类话!小孩子学着夸大话,浅薄透了!假如是你,你比别人更糟糕,你想你总要比别人高一倍吗?再不要夸口,夸口是最可耻,最没出息。"

我走进母亲的房里时,坐在炕沿我弄着发辫,默不作声,脸部感到很烧很烧。以后我再不夸口了!

伯父又常常讲一些关于女人的服装的意见,他说穿衣服素色最好,不要涂粉,抹胭脂,要保持本来的面目。我常常是保持本来的面目,不涂粉不抹胭脂,也从没穿过花色的衣裳。

后来我渐渐对于古文有趣味,伯父给我讲古文,记得讲到《吊古战场文》那篇,伯父被感动得有些声咽,我到后来竟哭了!从那时起我深深感到战争的痛苦与残忍。大概那时我才14岁。

又过一岁,我从小学卒业就要上中学的时候,我的父亲把脸沉下了!他终天把脸沉下。等我问他的时候,他瞪一瞪眼睛,在地板上走转两圈,必须要过半分钟才能给一个答话:"上什么中学?上中学在家上吧!"

父亲在我眼里变成一只没有一点热气的鱼类,或者别的不具着情感的动物。

半年的工夫,母亲同我吵嘴,父亲骂我:"你懒死啦!不要脸的。"当时我过于气愤了,实在受不住这样一架机器压轧了。我问他:"什么叫不要脸呢?谁不要脸!"听了这话立刻像火山一样爆裂起来。当时我没能看出他头上有火冒也没。父亲满头的发丝一定被我烧焦了吧！那时我是在他的手掌下倒了下来，等我爬起来时，我也没有哭。可是父亲从那时起他感到父亲的尊严是受了一大挫折，也从那时起每天想要恢复他的父权。他想做父亲的更该尊严些，或者加倍的尊严着才能压住子女吧？

可真加倍尊严起来了；每逢他从街上回来，都是黄昏时候，父亲一走到花园的地方便从喉管作出响动，咳嗽几声啦，或是吐一口痰啦。后来渐渐我听他只是咳嗽而不吐痰，我想父亲一定会感着痰不够用了呢！我想做父亲的为什么必须尊严呢？或者因为做父亲的肚子太清洁？！把肚子里所有的痰都全部吐出来了。

一天天睡在炕上，慢慢我病着了！我什么心思也没有了！一班同学不升学的只有两三个，升学的同学给我来信告诉我，她们打网球，学校怎样热闹，也说些我所不懂的功课。我愈读这样的信，心愈加重点。

老祖父支住拐杖，仰着头，白色的胡子振动着说："叫樱花上学去吧！给她拿火车费，叫她收拾收拾起身吧！小心病坏！"

父亲说："有病在家养病吧，上什么学，上学！"

后来连祖父也不敢向他问了，因为后来不管亲戚朋友，提到我上学的事他都是连话不答，出走在院中。

整整死闷在家中三个季节，现在是正月了。家中大会宾客，外祖母啜着汤食向我说："樱花，你怎么不吃什么呢？"

当时我好像要流出眼泪来，在桌旁的枕上，我又倒下了！因为伯父外出半年是新回来，所以外祖母向伯父说："他伯伯，向樱花爸爸说一声，孩子病坏了，叫她上学去吧！"

伯父最爱我，我五六岁时他常常来我家，他从北边的乡村带回来榛子。冬天他穿皮大氅，从袖口把手伸给我，那冰寒的手呀！当他拉住我的手的时候，我害怕挣脱着跑了，可是我知道一定有榛子给我带来,我光着头两手捏耳朵,在院子里我向每个货车夫问:"有榛子没有?有榛子没有?"

伯父把我裹在大氅里,抱着我进去,他说:"等一等给你榛子。"

我渐渐长大起来,伯父仍是爱我的,讲故事给我听。买小书给我看,等我入高级,他开始给我讲古文了!有时族中的哥哥弟弟们都唤来,他讲给我们听,可是书讲完他们临去的时候,伯父总是说:"别看你们是男孩子,樱花比你们全强,真聪明。"

他们自然不愿意听了,一个一个退走出去。不在伯父面前他们齐声说:"你好呵!你有多聪明!比我们这一群混蛋强得多。"

男孩子说话总是有点野,我不愿意听,便离开他们了。谁想男孩子们会这样放肆呢?他们扯住我,要打我:"你聪明,能当个什么用?我们有气力,要收拾你。""什么狗屁聪明,来,我们大家伙看看你的聪明到底在哪里!"

伯父当着什么人都夸奖我:"好记力,心机灵快。"

现在一讲到我上学的事,伯父微笑了:"不用上学,家里请个老先生念念书就够了!哈尔滨的文学生们太荒唐。"

外祖母说:"孩子在家里教养好,到学堂也没有什么坏处。"

于是伯父斟了一杯酒,夹了一片香肠放到嘴里,那时我多么不愿看他吃香肠呵!那一刻我是怎样恼烦着他!我讨厌他喝酒用的杯子,我讨厌他上唇生着的小黑髭,也许伯伯没有观察我一下!他又说:"女学生们靠不住,交男朋友啦!恋爱啦!我看不惯这些。"

从那时起伯父同父亲是没有什么区别。变成严凉的石块。

当年,我升学了,那不是什么人帮助我,是我自己向家庭施行的骗术。后一年暑假,我从外回家,我和伯父的中间,总感到一种淡漠的情绪,伯父对我似乎是客气了,似乎是有什么从中间隔离着了!

一天伯父上街去买鱼,可是他回来的时候,筐子是空空的。母亲问:"怎么!没有鱼吗?"

"哼!没有。"

母亲又问:"鱼贵吗?"

"不贵。"

伯父走进堂屋坐在那里好像幻想着一般,后门外树上满挂着绿的叶子,伯父望着那些无知的叶子幻想,最后他小声唱起,像是有什么悲哀蒙蔽着他了!看他的脸色完全可怜起来。他的眼睛是那样忧烦的望着桌面,母亲说:"哥哥头痛吗?"

伯父似乎不愿回答,摇着头,他走进屋倒在床上,很长时间,他翻转着,扇子他不用来摇风,在他手里乱响。他的手在胸膛上拍着,气闷着,再过一会,他完全安静下去,扇子任意丢在地板,苍蝇落在脸上,也不去搔它。

晚饭桌上了,伯父多喝了几杯酒,红着颜面向祖父说:"菜市上看见王大姐呢!"

王大姐,我们叫他王大姑,常听母亲说:"王大姐没有妈,爹爹为了贫穷去为匪,只留这个可怜的孩子住在我们家里。"伯父很多情呢!伯父也会恋爱呢,伯父的屋子和我姑姑们的屋子挨着,那时我的三个姑姑全没出嫁。

一夜,王大姑没有回内房去睡,伯父伴着她哩!

祖父不知这件事,他说:"怎么不叫她来家呢?"

"她不来,看样子是很忙。"

"呵!从出了门子总没见过,20多年了,20多年了!"

祖父捋着斑白的胡子,他感到自己是老了!

伯父也感叹着:"嗳!一转眼,老了!不是姑娘时候的王大姐了!头发白了一半。"

伯父的感叹和祖父完全不同，伯父是痛惜着他破碎的青春的故事。又想一想他婉转着说，说时他神秘的有点微笑："我经过菜市场，一个老太太回头看我，我走过，她仍旧看我。停在她身后，我想一想，是谁呢？过会我说：'是王大姐吗？'她转过身来，我问她，'在本街住吧？'她很忙，要回去烧饭，随后她走了，什么话也没说，提着空筐子走了！"

夜间，全家人都睡了，我偶然到伯父屋里去找一本书，因为对他，我连一点信仰也失去了，所以无言走出。

伯父愿意和我谈话似的："没睡吗？"

"没有。"

隔着一道玻璃门，我见他无聊的样子翻着书和报，枕旁一支蜡烛，火光在起伏。伯父今天似乎是例外，同我讲了好些话，关于报纸上的，又关于什么年鉴上的。他看见我手里拿着一本花面的小书，他问："什么书？"

"小说。"

我不知道他的话是从什么地方说起："言情小说，《西厢》是妙绝，《红楼梦》也好。"

那夜伯父奇怪地向我笑，微微地笑，把视线斜着看住我。我忽然想起白天所讲的王大姑来了，于是给伯父倒一杯茶，我走出房来，让他伴着茶香来慢慢的回味着记忆中的姑娘吧！

我与伯伯的学说渐渐悬殊，因此感情也渐渐恶劣，我想什么给感情分开的呢？我需要恋爱，伯父也需要恋爱。伯父见着他年轻时候的情人痛苦，假若是我也是一样。

那么他与我有什么不同呢？不过伯伯相信的是镀金的学说。

# 感情的碎片

　　近来觉得眼泪常常充满着眼睛,热的,它们常常会使我的眼圈发烧。然而它们一次也没有滚落下来。有时候它们站到了眼毛的尖端,闪耀着玻璃似的液体,每每在镜子里面看到。

　　一看到这样的眼睛,又好像回到了母亲死的时候。母亲并不十分爱我,但也总算是母亲。她病了三天了,是七月的末梢,许多医生来过了,他们骑着白马,坐着三轮车,但那最高的一个,他用银针在母亲的腿上刺了一下,他说:"血流则生,不流则亡。"

　　我确确实实看到那针孔是没有流血,只是母亲的腿上凭空多了一个黑点。医生和别人都退了出去,他们在堂屋里议论着。我背向了母亲,我不再看她腿上的黑点。我站着。

　　"母亲就要没有了吗?"我想。

　　大概就是她极短的清醒的时候:"……你哭了吗?不怕,妈死不了!"

　　我垂下头去,扯住了衣襟,母亲也哭了。

　　而后我站到房后摆着花盆的木架旁边去。我从衣袋取出来母亲买给我的小洋刀。

　　"小洋刀丢了就从此没有了吧?"于是眼泪又来了。

　　花盆里的金百合映着我的眼睛,小洋刀的闪光映着我的眼睛。眼泪就再没有流落下来,然而那是热的,是发炎的。但那是孩子的时候。

  而今则不应该了。

# 失眠之夜

为什么要失眠呢!烦躁,恶心,心跳,胆小,并且想要哭泣。我想想,也许就是故乡的思虑罢。

窗子外面的天空高远了,和白棉一样绵软的云彩低近了,吹来的风好像带点草原的气味,这就是说已经是秋天了。

在家乡那边,秋天最可爱。

蓝天蓝得有点发黑,白云就像银子做成一样,就像白色的大花朵似的点缀在天上;就又像沉重得快要脱离开天空而坠了下来似的,而那天空就越显得高了,高得再没有那么高的。

昨天我到朋友们的地方走了一遭,听来了好多的心愿(那许多心愿综合起来,又都是一个心愿)。这回若真的打回满洲去,有的说,煮一锅高粱米粥喝;有的说,咱家那地豆多么大!说着就用手比量着,这么碗大;珍珠米,老的一煮就开了花的,一尺来长的;还有的说,高粱米粥、咸盐豆。还有的说,若真的打回满洲去,三天二夜不吃饭,打着大旗往家跑。跑到家去自然也免不了先吃高粱米粥或咸盐豆。

比方高粱米那东西,平常我就不愿吃,很硬,有点发涩(也许因为我有胃病的关系),可是经他们这一说,也觉得非吃不可了。

但是什么时候吃呢?那我就不知道了。而况我到底是不怎样热烈的,所以关于这一方面,我终究不怎样亲切。

但我想我们那门前的蒿草，我想我们那后园里开着的茄子的紫色的小花，黄瓜爬上了架。而那清早，朝阳带着露珠一齐来了！

我一说到蒿草或黄瓜，三郎就向我摆手或摇头："不，我们家，门前是两棵柳树，树荫交织着做成门形。再前面是菜园，过了菜园就是山。那金字塔形的山峰正向着我们家的门口，而两边像蝙蝠的翅膀似的向着村子的东方和西方伸展开去。而后园黄瓜、茄子也种着，最好看的是牵牛花在石头墙的缝隙爬遍了，早晨带着露水牵牛花开了……"

"我们家就不这样，没有高山，也没有柳树……只有……"我常常这样打断他。

有时候，他也不等我说完，他就接下去。我们讲的故事，彼此都好像是讲给自己听，而不是为着对方。

只有那么一天，他买来了一张《东北富源图》挂在墙上了，染着黄色的平原上站着小马，小羊，还有骆驼，还有牵着骆驼的小人；海上就是些小鱼，大鱼，黄色的鱼，红色的好像小瓶似的大肚的鱼，还有黑色的大鲸鱼；而兴安岭和辽宁一带画着许多和海涛似的绿色的山脉。

他的家就在离着渤海不远的山脉中，他的指甲在山脉上爬着："这是大凌河……这是小凌河……哼……没有，这个地图是个不完全的，是个略图……"

"好哇！天天说凌河，哪有凌河呢！"我不知为什么一提到家乡，常常愿意给他扫兴一点。

"你不相信！我给你看。"他去翻他的书橱去了，"这不是大凌河……小凌河……小孩的时候在凌河沿上捉小鱼，拿到山上去，在石头上用火烤着吃……这边就是沈家台，离我们家二里路……"因为是把地图摊在地板上看的缘故，一面说着，他一面用手扫着他已经垂在前额的发梢。

《东北富源图》就挂在床头，所以第二天早晨，我一张开了眼睛，他就抓住了我的手："我想将来我回家的时候，先买两匹驴，一匹你骑着，一匹我骑着……先到我姑姑家，再到我姐姐家……顺便也许看看我的舅舅去……我姐姐很爱我……她出嫁以后，每回来一次就哭一次，姐姐一哭，我也哭……这有七八年不见了！也都老了。"

那地图上的小鱼，红的，黑的，都能够看清，我一边看着，一边听着，这一次我没有打断他，或给他扫一点兴。

"买黑色的驴，挂着铃子，走起来……当啷啷当啷啷啷……"他形容着铃音的时候，就像他的嘴里边含着铃子似的在响。

"我带你到沈家台去赶集。那赶集的日子，热闹！驴身上挂着烧酒瓶……我们那边，羊肉非常便宜……羊肉炖片粉……真有味道！哎呀！这有多少年没吃那羊肉啦！"他的眉毛和额头上起着很多皱纹。

我在大镜子里边看了他，他的手从我的手上抽回去，放在他自己的胸上，而后又背着放在枕头下面去，但很快地又抽出来。只理一理他自己的发梢又放在枕头上去。

而我，我想："你们家对于外来的所谓'媳妇'也一样吗？"我想着这样说了。

这失眠大概也许不是因为这个。但买驴子的买驴子，吃咸盐豆的吃咸盐豆，而我呢？坐在驴子上，所去的仍是生疏的地方，我停着的仍然是别人的家乡。

家乡这个观念，在我本不甚切的，但当别人说起来的时候，我也就心慌了！虽然那块土地在没有成为日本的之前，"家"在我就等于没有了。

这失眠一直继续到黎明之前，在高射炮的声中，我也听到了一声声和家乡一样的震抖在原野上的鸡鸣。

1937年8月23日

# 天空的点缀

用了我有点苍白的手,卷起纱窗来,在那灰色的云的后面,我看不到我所要看的东西(这东西是常常见的,但它们真的载着炮弹飞起来的时候,这在我还是生疏的事情,也还是理想着的事情)。正在我踌躇的时候,我看见了,那飞机的翅子好像不是和平常的飞机的翅子一样(它们有大的也有小的)好像还带着轮子,飞得很慢,只在云彩的缝际出现了一下,云彩又赶上来把它遮没了。

不,那不是一只,那是两只,以后又来了几只。它们都是银白色的,并且又都叫着呜呜的声音,它们每个都在叫着吗?这个,我分不清楚。或者它们每个在叫着的,节拍像唱歌的,是有一定的调子,也或者那在云幕当中撒下来的声音就是一片。好像在夜里听着海涛的声音似的,那就是一片了。

过去了!过去了!心也有点平静下来。午饭时用过的家具,我要去洗一洗。刚一经过走廊,又被我看见了,又是两只。这次是在南边,前面一个,后面一个,银白色的,远看有点发黑,于是我听到了我的邻家在说:"这是去轰炸虹桥飞机场。"

我只知道这是下午两点钟,从昨夜就开始的这战争。至于飞机我就不能够分别了,日本的呢?还是中国的呢?大概是日本的吧!因为是从北边来的,到南边去的,战地是在北边中国虹桥飞机场是真的,于是我又起了很多想头:是日本打胜了吧!所以安闲地去炸中国的后方,是……一定是,那么这是很坏的事情,他们没止境的屠杀,一定要像大风里的火焰似的那么没有止境……

很快我批驳了我自己的这念头,很快我就被我这没有把握的不正确的热望压倒了,中国,一定是中国占着一点胜利,日本遭了些挫伤。假若是日本占着优势,他一定要冲过了中国的阵地而追上去,哪里有工夫用飞机来这边扩大战线呢?

风很大,在游廊上,我拿在手里的家具,感到了点沉重而动摇,一个小白铝锅的盖子,啪啦啪啦地掉下来了,并且在游廊上啪啦啪啦地跑着,我追住了它,就带着它到厨房去。

至于飞机上的炸弹,落了还是没落呢?我看不见,而且我也听不见,因为东北方面和西北方面炮弹都在开裂着。甚至于那炮弹真正从哪方面出发,因着回音的关系,我也说不定了。

但那飞机的奇怪的翅子,我是看见了的,我是含着眼泪而看着它们,不,我若真的含着眼泪而看着它们,那就相同遇到了魔鬼而想教导魔鬼那般没有道理。

但在我的窗外,飞着,飞着,飞去又飞来了的,飞得那么高,好像有一分钟那飞机也没离开我的窗口。因为灰色的云层地掠过,真切了,朦胧了,消失了,又出现了,一个来了,一个又来了。看着这些东西,实在的我的胸口有些疼痛。

一个钟头看着这样我从来没有看过的天空,看得疲乏了,于是,我看着桌上的台灯,台灯的绿色的伞罩上还画着菊花,又看到了箱子上散乱的衣裳,平日弹着的六条弦的大琴,依旧是站在墙角上。

一样,什么都是和平常一样,只有窗外的云,和平日有点不一样,还有桌上的短刀和平日有点不一样,紫檀色的刀柄上镶着两块黄铜,而且不装在红牛皮色的套子里。对于它我看了又看,我相信我自己绝不是拿着这短刀而赴前线。

1937 年 8 月 14 日

# 放火者

从5月1号那天起,重庆就动了,在这个月份里,我们要纪念好几个日子,所以街上有多少人在游行,他们还准备着在夜里火炬游行。街上的人带着民族的信心,排成大队行列沉静地走着。

"五三"的中午日本飞机26架飞到重庆的上空,在人口最稠密的街道上投下燃烧弹和炸弹,那一天就有三条街起了带着硫黄气的火焰。

"五四"的那天,日本飞机又带了多量的炸弹,投到他们上次没有完全毁掉的街上和上次没可能毁掉的街道上。

大火的10天以后,那些断墙之下,瓦砾堆中仍冒着烟。人们走在街上用手帕掩着鼻子或者挂着口罩,因为有一种奇怪的气味满街散布着。那怪味并不十分浓厚,但随时都觉得吸得到。似乎每人都用过于细微的嗅觉存心嗅到那说不出的气味似的,就在10天以后发掘的人们,还在深厚的灰烬里寻出尸体来。断墙笔直地站着,在一群瓦砾当中,只有它那么高而又那么完整。设法拆掉它,拉倒它,但它站得非常坚强。段牌坊就站着这断墙,很远就可以听到几十人在喊着,好像拉着帆船的纤绳,又像抬着重物。

"哎呀……喔呵……哎呀……喔呵……"

走近了看到那里站着一队兵士,穿着绿色的衣裳,腰间挂着他们喝水的瓷杯,他们像出发到前线上去差不多。但他们手里挽着绳子的另一端系在离他们很远的单独的五六丈高站着一动也不动的那断墙处。他们喊着口号一起拉它不倒,连歪斜也不歪斜,它坚强地站着。步行的人停下了,车子走慢了,走过去的人回头了,用一种坚强的眼光,人们看住了它。

　　被那声音招引着,我也回过头去看它,可是它不倒,连动也不动。我就看到了这大瓦场的近边,那高坡上仍旧站着被烤干了的小树。有谁能够认得出那是什么树,完全脱掉了叶子,并且变了颜色,好像是用赭色的石头雕成的。靠着小树那一排房子窗上的玻璃掉了,只有三五块碎片,在夕阳中闪着金光。走廊的门开着,一切可以看得到,门帘扯掉了,墙上的镜框在斜垂着。显然在不久之前,他们是在这儿好好地生活着,那墙壁日历上还露着四号的"四"字。

　　街道是哑默的,一切店铺关了门,在黑大的门扇上贴着白帖或红帖,上面坐着一个苍白着脸色的恐吓的人,用水盆子在洗刷着弄脏了的胶皮鞋、汗背心……毛巾之类,这些东西是从火中抢救出来的。

　　被炸过了的街道,飞尘卷着白沫扫着稀少的行人,行人挂着口罩,或用帕子掩着鼻子。街是哑然的,许多人生存的街毁掉了,生活秩序被破坏了,饭馆关起了门。

　　大瓦砾场一个接着一个,前边是一群人在拉着断墙,这使人一看上去就要低了头。无论你心胸怎样宽大,但你的心不能不跳,因为那摆在你面前的是荒凉的,是横遭不测的,千百个母亲和小孩子是吼叫着的,哭号着的,他们嫩弱的生命在火里边挣扎着,生命和火在斗争。但最后生命给谋杀了。那曾经狂喊过的母亲的嘴,曾经乱舞过的父亲的胳膊,曾经发疯对着火的祖母的眼睛,曾经依然偎在妈妈怀里吃乳的婴儿,这些最后都被火给杀死了。孩子和母亲,祖父和孙儿,猫和狗,都同他们凉台上的花盆一道倒在火里了。这倒下来的全家,他们没有一个是战斗员。

白洋铁壶成串地仍在那烧了一半的房子里挂着,显然是一家洋铁制器店被毁了。洋铁店的后边,单独一座三楼三底的房子站着,它两边都倒下去了,只有它还歪歪趔趔的支持着,楼梯分做好几段自己躺下去了,横睡在楼脚上。窗子整张的没有了,门扇也看不见了,墙壁穿着大洞,像被打破了腹部的人那样可怕的奇怪的站着。但那摆在二楼的木床,仍旧摆着,白色的床单还随着风飘着那只巾角,就在这20个方丈大的火场上同时也有绳子在拉着一道断墙。

就在这火场的气味还没有停息,瓦砾还会烫手的时候,坐着飞机放火的日本人又要来了,这一天是5月12号。

警报的笛子到处叫起,不论大街或深巷,不论听得到的听不到的,不论加以防备的或是没有知觉都卷在这声浪里了。

那拉不倒的断墙也放手了,前一刻在街上走着的那一些行人,现在狂乱了,发疯了,开始跑了,开始喘着,还有拉孩子的,还有拉着女人的,还有脸色变白的。街上像来了狂风一样,尘土都被这惊慌的人群带着声响卷起来了,沿街响着关窗和锁门的声音,街上什么也看不到,只看到跑。我想疯狂的日本法西斯刽子手们若看见这一刻的时候,他们一定会满足的吧,他们是何等可以骄傲呵,他们可以看见……

十几分钟之后,都安定下来了,该进防空洞的进去了,躲在墙根下的躲稳了。第二次警报(紧急警报)发了。

听得到一点声音,而越听越大。我就坐在公园石阶铁狮子附近,这铁狮子旁边坐着好几个老头,大概他们没有气力挤进防空洞去,而又跑也跑不远的缘故。

飞机的响声大起来,就有一个老头招呼着我:"这边……到铁狮子下边来……"这话他并没有说,我想他是这个意思,因为他向我招手。

为了呼应他的亲切我去了,蹲在他的旁边。后边高坡上的树,那树叶遮着头顶的天空,致使想看飞机不大方便,但在树叶的空间看到飞机了,六架,六架。飞来飞去的总是六架,不知道为什么高射炮也未发,也不投弹。

穿蓝布衣裳的老头问我:"看见了吗?几架?"

我说:"六架。"

"向我们这边飞……"

"不,离我们很远。"

我说瞎话,我知道他很害怕,因为他刚说过了:"我们坐在这儿的都是善人,看面色没有做过恶事,我们良心都是正的……死不了的。"

大批的飞机在头上飞过了,那里三架三架的集着小堆,这些小堆在空中横排着,飞得不算顶高,一共四十几架。高射炮一串一串的发着,红色和黄色的火球像一条长绳似的扯在公园的上空。

那老头向着另外的人而又向我说:"看面色,我们都是没有做过恶的人,不带恶相,我们不会死……"

说着他就伏在地上了,他看不见飞机,他说他老了。大概他只能看见高射炮的连串的火球。

飞机像是低飞了似的,那声音沉重了,压下来了。守卫的宪兵喊了一声口令:"卧倒。"他自己也就挂着枪伏在水池子旁边了。四边的火光蹿起来,有沉重的爆击声,人们看见半天是红光。

公园在这一天并没有落弹。在两个钟头之后,我们离开公园的铁狮子,那个老头悲惨的向我点头,而且和我说了很多话。

下一次,5月25号那天,中央公园便炸了。水池子旁边连铁狮子都被炸碎了。在弹花飞溅时,那是混合着人的肢体,人的血,人的脑浆。这小小的公园,死了多少人?我不愿说出它的数目来,但我必须说出它的数目来:死伤×××人,而重庆在这一天,有多少人从此不会听见解除警报的声音了……

# 一条铁路的完成

一九二八年的故事,这故事,我讲了好几次。而每当我读了一节关于学生运动记载的文章之后,我就想起那年在哈尔滨的学生运动,那时候我是一个女子中学里的学生,是开始接近冬天的季节。我们是在二层楼上有着壁炉的课室里面读着英文课本。因为窗子是装着双重玻璃,起初使我们听到的声音是从那小小的通气窗传进来的。英文教员在写着一个英文字,他回一回头,他看一看我们,可是接着又写下去,一个字终于没有写完,外边的声音就大了,玻璃窗子好像在雨天里被雷声在抖着似的那么轰响。短板墙以外的石头道上在呼叫着的,有那许多人,我从来没有见过,使我想象到军队,又想到马群,又想象到波浪……总之对于这个我有点害怕。校门前跑着拿长棒的童子军,而后他们冲进了教员室,冲进了校长室,等我们全体走下楼梯的时候,我听到校长室里在闹着。这件事情一点也不光荣,使我以后见到男学生们总带着对不住或软弱的心情。

"你不放你的学生出动吗?……我们就是钢铁,我们就是熔炉……"跟着听到有木棒打在门扇上或是地板上,那乱糟糟的鞋底的响声。这一切好像有一场大事件就等待着发生,于是有一种庄严而宽宏的情绪高涨在我们的血管里。

"走!跟着走!"大概那是领袖,他的左边的袖子上围着一圈白布,没有戴帽子,从楼梯向上望着,我看他们快要变成播音机了,"走!跟着走!"

而后又看到了女校长的发青的脸,她的眼和星子似的闪动在她的恐惧中。

"你们跟着去吧!要守秩序!"她好像被鹰类捉拿到的鸡似的软弱,她是被拖在两个戴大帽子的童子军的臂膀上。

我们四百多人在大操场上排着队的时候,那些男同学们还满院子跑着,搜索着,好像对于小偷那种形式,侮辱!侮辱!他们竟搜索到厕所。

女校长那混蛋,刚一脱离了童子军的臂膀,她又恢复了那假装着女皇的架子。

"你们跟他们去,要守秩序,不能破格……不能和那些男学生们那样没有教养,那么野蛮……"而后她抬起一只袖子来,"你们知道你们是女学生吗?记得住吗?是女学生。"

在男学生们的面前,她又说了那样的话,可是一出校门不远,连对这侮辱的愤怒都忘记了。向着喇嘛台,向着火车站。小学校,中学校,大学校,几千人的行列……那时我觉得我是在这几千人之中,我觉得我的脚步很有力。凡是我看到的东西,已经都变成了严肃的东西,无论马路上的石子,或是那已经落了叶子的街树。反正我是站在"打倒日本帝国主义"的喊声中了。

走向火车站必得经过日本领事馆。我们正向着那座红楼咆哮着的时候,一个穿和服的女人打开走廊的门扇而出现在闪烁的阳光里。于是那"打倒日本帝国主义"的大叫改为"就打倒你"!她立刻就把身子抽回去了。那座红楼完全停在寂静中,只是楼顶上的太阳旗被风在折合着。走在石头道街又碰到了一个日本女子,她背上背着一个小孩,腰间束了一条小白围裙,围裙上还带着花边,手中提着一棵大白菜。我们又照样做了,不说"打倒日本帝国主义"而说"就打倒你"！因为她是走马路的旁边，我们就用手指着她而喊着。另一方面，我们又用自己光荣的情绪去体会她狼狈的样子。

　　第一天叫作"游行""请愿"，道里和南岗去了两部分市区。这市区有点像租界，住民多是外国人。

　　长官公署，教育厅都去过了，只是"官们"出来拍手击掌地演了一篇说，结果还是："回学校去上课罢！"

　　日本要完成吉敦路这件事情，究竟"官们"没有提到。

　　在黄昏里，大队分散在道尹公署的门前，在那个孤立着的灰色的建筑物前面，装置着一个大圆的类似喷水池的东西。有一些同学就坐在那边沿上，一直坐到星子们在那建筑物的顶上闪亮了，那个"道尹"究竟还没有出来，只看见卫兵在台阶上，在我们的四围挂着短枪来回地在戒备着。而我们则流着鼻涕，全身打着抖在等候着。到底出来了一个姨太太，那声音我们一点也听不见。男同学们跺着脚，并且叫着，在我听来已经有点野蛮了："不要她……去……去……只有官僚才要她……"

　　接着又换了个大太太（谁知道是什么，反正是个老一点的），不甚胖，有点短。至于说些什么，恐怕也只有她自己的圆肚子才能够听到。这还不算什么惨事，我一回头看见了有几个女同学尿了裤子的（因为一整天没有遇到厕所的缘故）。

　　第二天没有男同学来擭，是自动出发的，在南岗下许公路的大空场子上开的临时会议，这一天不是"游行"，不是"请愿"而要"示威"了。脚踏车队在空场四周绕行着，学生联合会的主席是个很大的脑袋的人，也没有戴帽子，只戴了一架眼镜。那天是个落着清雪的天气，他的头发在雪花里边飞着。他说的话使我很佩服，因为我从来没有晓得日本还与我们有这样大的关系，他说日本若完成了吉敦路可以向东三省进兵，他又说又经过高丽又经过什么……并且又听他说进兵进得那样快,也不是二十几小时?就可以把多少大兵向我们的东三省开来,就可以灭我们的东三省。我觉得他真有学问,由于崇敬的关系,我觉得这学联主席与我隔得好像大海那么远。

组织宣传队的时候,我站过去,我说我愿意宣传。别人都是被推举的,而我是自告奋勇的。于是我就站在雪花里开始读着我已经得到的传单。而后有人发给我一张小旗,过一会又有人来在我的胳膊上用扣针给我别上条白布,那上面还卡着红色的印章,究竟那红印章是什么字,我也没有看出来。

大队开到差不多是许公路的最终极,一转弯一个横街里去,那就是滨江县的管界。因为这界限内住的纯粹是中国人,和上海的华界差不多。宣传队走在大队的中间,我们前面的人已经站住了,并且那条横街口站着不少的警察,学联代表们在大队的旁边跑来跑去。昨天晚上他们就说:"冲!冲!"我想这回就真的到了冲的时候了吧?

学联会的主席从我们的旁边经过,他手里提着一个银白色的大喇叭筒,他的嘴接到喇叭筒的口上,发出来的声音好像牛鸣似的:"诸位同学!我们是不是有血的动物?我们愿不愿意我们的老百姓给日本帝国主义做奴才……"而后他跳着,因为激动,他把喇叭筒像是在向着天空,"我们有决心没有?我们怕不怕死?"

"不怕!"虽然我和别人一样地嚷着不怕,但我对这新的一刻工夫就要来到的感觉好像一棵嫩芽似的握在我的手中。

那喇叭的声音到队尾去了,虽然已经遥远了,但还是能够震动我的心脏。我低下头去看着我自己的被踏污了的鞋尖,我看着我身旁的那条阴沟,我整理着我的帽子,我摸摸那帽顶的毛球。没有束围巾,也没有穿外套。对于这个给我生了一种侥幸的心情!

"冲的时候,这样轻便不是可以飞上去了吗?"昨天计划今天是要"冲"的,但不知为什么,我总觉得我有点特别聪明。

大喇叭筒跑到前面去时,我就闪开了那冒着白色泡沫的阴沟,我知道"冲"的时候就到了。

我只感到我的心脏在受着拥挤,好像我的脚跟并没有离开地面而自然它就会移动似的。我的耳边闹着许多种声音,那声音并不大,也不远,也不响亮,可觉得沉重,带来了压力,好像皮球被穿了一个小洞嘶嘶的在透着气似的,我对我自己毫没有把握。

"有决心没有?"

"有决心!"

"怕死不怕死?"

"不怕死。"

这还没有反复完,我们就退下来了。因为是听到了枪声,起初是一两声,而后是接连着。大队已经完全溃乱下来,只一秒钟,我们旁边那阴沟里,好像猪似的浮游着一些人。女同学被拥挤进去的最多,男同学在往岸上提着她们,被提的她们满身带着泡沫和气味,她们那发疯的样子很可笑,用那挂着白沫和糟粕的戴着手套的手搔着头发,还有的像已经癫痫的人似的,她在人群中不停地跑着:那被她擦过的人们,他们的衣服上就印着各种不同的花印。

大队又重新收拾起来,又发着号令,可是枪声又响了,对于枪声,人们像是看到了火花似的那么热烈。至于"打倒日本帝国主义""反对日本完成吉敦路"这事情的本身已经被人们忘记了,唯一所要打倒的就是滨江县政府。到后来连县政府也忘记了,只"打倒警察,打倒警察……"这一场斗争到后来我觉得比一开头还有趣味。在那时,"日本帝国主义",我相信我绝对没有见过,但是警察我是见过的,于是我就嚷着:"打倒警察,打倒警察!"

我手中的传单,我都顺着风让它们飘走了,只带着一张小白旗和自己的喉咙从那零散下来的人缝中穿过去。

那天受轻伤的共有二十几个。我所看到的只是从他们的身上流下来的血还凝结在石头道上。

满街开起电灯的夜晚,我在马车和货车的轮声里追着我们本校回去的队伍,但没有赶上。我就拿着那卷起来的小旗走在行人道上,我的影子混杂着别人的影子一起出现在商店的玻璃窗上,我每走一步,我看到了玻璃窗里我帽顶的毛球也在颤动一下。

男同学们偶尔从我的身边经过,我听到他们关于受伤的议论和救急车。

第二天的报纸上躺着那些受伤的同学们的照片,好像现在的报纸上躺的伤兵一样。

以后,那条铁路到底完成了。

1937 年 12 月 27 日,汉口

# 寄东北流亡者

沦落在异地的东北同胞们：

当每个秋天的月亮快圆的时候，你们的心总被悲哀装满。想起高粱油绿的叶子，想起白发的母亲或幼年的亲眷。

你们的希望曾随着秋天的满月，在幻想中赊取了七次，而每次都是月亮如期的圆了，而你们的希望却随着高粱叶子萎落。但是自从"八一三"之后，上海的炮火响了，中国政府积极抗战揭开，"九一八"的成了习惯的暗淡与愁惨却在炮火的交响里换成了激动、兴奋和感激。这时，你们一定也流泪了。这是感激的泪，兴奋的泪，激动的泪。

记得抗战以后，第一个"九一八"是怎样纪念的呢？

中国飞行员在这天做了突击的工作，他们对于"出云"舰的袭击做了出色的攻击。

那夜里，日本神经质的高射炮手，浪费的用红色的绿色的淡蓝色的炮弹把天空染红了。但是我们的飞行员仍然以精确的技巧和沉毅的态度来攻击这摧毁文化、摧毁和平的法西斯魔手。几百万市民都仰起头来寻觅，其实他们是什么也看不见的，但是他们一定要看。在那黑黝黝的天空里仿佛什么都找不到，而这里就隐藏着我们抗战的活动的每个角度。

第一个煽惑起东北同胞的思想的是："我们就要回家去了！"

是的,家是可以回去的,而且家也是好的,土地是宽阔的,米粮是富足的。

是的,人类是何等的对着故乡寄注了强烈的怀念呵!黑人对着迪斯的痛苦的向往,爱尔兰的诗人夏芝想回到那有"蜂房一窠,菜畦九畴"的茵尼斯,做过水手的约翰·曼殊斐儿狂热的愿意回到海上。

但是等待了七年的同胞们,单纯的心急是没用的,感情的焦躁不但无价值,而常常是理智的降低。要把急切的心情放在工作的表现上才对。我们的位置就是永远站在别人的前边的那个位置。我们是应该第一个打开了门而是最末走进去的人。

抗战到现在已经遭遇到最艰苦的阶段,而且也就是最后胜利接近的阶段。在美国贾克·伦敦所写的一篇短篇小说上,描写两个拳师在冲击的斗争里,祇系于最后的一拳。而那个可怜的(老拳师)所以失败的原因,也只在少吃了一块"牛扒"。假若事先他能在肚里装进一块"牛扒",胜利一定属于他的。

东北流亡同胞们,我们的地大物博,决定我们的沉着毅勇,正与敌人的急功切进相反,所以最后的一拳一定是谁最沉着的就是谁打得最有力。我们应该献身给祖国做前卫的工作,就如我们应该把失地收复一样。这是无可怀疑的。

东北流亡的同胞们,为了失去的土地上的高粱、谷子,努力吧;为了失去的土地上年老的母亲,努力吧;为了失去的地面上的痛心的一切的记忆,努力吧!

而且我们要竭力克服残存的那种"小地主"意识和官僚主义的余毒,赶快的加入到生产的机构里,因为"九一八"以后的社会变更,已经使你们失去了大片土地的依存,要还是固守从前的生活方式,坐吃山空,那样你们的资产只剩了哀愁和苦闷。做个商人去,做个工人去,做一个能生产的人比做一个在幻想上满足自己的流浪人,要对国家有利得多。

幻想不能泛滥,现实在残酷地抨击你的时候,逃避只会得到更坏的暗袭。

时值流亡在异乡的故友们,敬希珍重,拥护这个抗战和加强这个抗战,向前走去。

# 两个朋友

金珠才13岁,穿一双水红色的袜子,在院心和华子拍皮球。华子是个没有亲母亲的孩子。

生疏的金珠被母亲带着来到华子家里才是第二天。

"你念几年书了？"

"四年,你呢？"

"我没上过学——"金珠把皮球在地上丢了一下又抓住。

"你怎么不念书呢?13岁了,还不上学?我10岁就上学的……"

金珠说:"我不是没有爹吗！妈说:等她积下钱让我念书。"

于是又拍着皮球,金珠和华子差不多一般高,可是华子叫她金珠姐。

华子一放学回来,把书包丢在箱子上或是炕上,就跑出去和金珠姐拍皮球。夜里就挨着睡,白天就一道玩。

金珠把被褥搬到里屋去睡了！从那天起她不和华子交谈一句话;叫她:"金珠姐,金珠姐。"她把嘴唇突起来不应声。华子伤心的,她不知道新来的小朋友怎么会这样对她。

再过几天华子挨骂起来"孩崽子,什么玩意儿呢"！——金珠走在地板上,华子丢了一下皮球撞了她,她也是这样骂。连华子的弟弟金珠也骂他。

那孩子叫她:"金珠子,小金珠子！"

"小,我比你小多少？孩崽子！"

小弟弟说完了,跑到爷爷身边去,他怕金珠要打他。

夏天晚上,太阳刚落下去,在太阳下蒸热的地面还没有消灭了热。全家就坐在开着窗子的窗台,或坐在门前的木凳上。

"不要弄跌了啊！慢慢推……慢慢推！"祖父招呼小珂。

金珠跑来,小母鸡一般地,把小车夺过去,小珂被夺着,哭着。祖父叫他："来吧！别哭,小珂听说,不要那个。"

为这事,华子和金珠吵起来了："这也不是你家的，你管得着？不要脸！"

"什么东西,硬装不错。"

"我看你也是硬装不错,'帮虎吃食'？"

"我怎么'帮虎吃食'？我怎么'帮虎吃食'？"

华子的后母和金珠是一道战线,她气得只是重复着一句话："小华子,我也没见你这样孩子,你爹你妈是虎？是野兽？我可没见过你这样孩子。"

"是'帮虎吃食',是'帮虎吃食'。"华子不住说。

后母亲和金珠完全是一道战线,她叫着她："金珠,进来关上窗子睡觉吧！别理那小疯狗。"

"小疯狗,看也不知谁是小疯狗,不讲理者小疯狗。"

妈妈的权威吵满了院子："你爸爸回来，我要不告诉你爸爸才怪呢？还了得啦！骂她妈是'小疯狗'。我管不了你,我也不是你亲娘,你还有亲爹哩！叫你亲爹来管你。你早没把我看到眼里。骂吧！也不怕伤天理！"

小珂和祖父都进屋去睡了！祖父叫华子也进来睡吧！可是华子始终倚着门呆想。夜在她的眼前,蚊子在她的耳边。

第二天金珠更大胆,故意借着事由来屈服华子,她觉得她必定胜利,她做着鬼脸："小华子,看谁丢人,看谁挨骂？你爸爸要打呢！我先告诉你一声,你好预备着点！"

"别不要脸！"

"骂谁不要脸?我怎么不要脸?把你美的?你个小老婆,我告诉你爹爹去,走,你敢跟我去……"

金珠的母亲,那个胖老太太说金珠:"都是一般大,好好玩,别打架。干什么金珠?不好那样！"

华子被扯住肩膀:"走就走,我不怕你,还怕你个小穷鬼！都穷不起了,才跑到别人家来,混饭吃还不够,还瞎厉害。"

金珠感到羞辱了,软弱了,眼泪流了满脸:"娘,我们走吧！不住她家,再不住……"

金珠的母亲也和金珠一样哭。

"金珠,把孩子抱去玩玩。"她应着这呼声,每日肩上抱着孩子。

华子每日上学,放学就拍皮球。

金珠的母亲,是个寡妇母亲,来到亲戚家里,是来做帮工,华子和金珠吵架,并没有人伤心,就连华子的母亲也不把这事放在心上,华子的祖父和小珂也不把这事记在心上,一到傍晚又都到院子去乘凉,吸着烟,用扇子扑着蚊虫……看一看多星的天幕。

华子一经过金珠面前,金珠的母亲的心就跳了。她心跳谁也不晓得,孩子们吵架是平常事,如像鸡和鸡斗架一般。

正午时候,人影落在地面那样短,狗睡到墙根去了！炎夏的午间,只听到蜂子飞,只听到狗在墙根喘。

金珠和华子从正门冲出来,两匹狗似的,两匹小狼似的,太阳晒在头上不觉得热;一个跑着,一个追着。华子停下来斗一阵再跑,一直跑到柴栏里去,拾起高粱秆打着。金珠狂笑,但那是变样的狂笑,脸嘴已经不是平日的脸嘴了。嘴斗着,脸是青色地,但仍在狂笑。

谁也没有流血,只是头发上贴住一些高粱叶子。已经累了!双方面都不愿意再打,都没有力量再打。

"进屋去吧,怎么样?"华子问。

"进屋!不打死你这小鬼头对不住你。"金珠又分开两腿,两臂抱住肩头。

"好,让你打死我。"一条木板落到金珠的腿上去。

金珠的母亲完全战栗,她全身战栗,当金珠去夺她正在手中切菜的菜刀时;眼看打得要动起刀来。

做帮工也怕做不长的。

金珠的母亲,洗尿布、切菜、洗碗、洗衣裳,因为是小脚,一天到晚,到晚间,脚就疼了。

"娘,你脚疼吗?"金珠就去打一盆水为她洗脚。

娘起先是恨金珠的,为什么这样不听说?为什么这样不知好歹?和华子一天打到晚。可是她一看到女儿打一盆水给她,她就不恨金珠而自己伤心。若是金珠的爹爹活着哪能这样?自己不是也有家吗?

金珠的母亲失眠了一夜,蚊子成群的在她的耳边飞;飞着,叫着,她坐起来搔一搔又倒下去,终夜她没有睡着,玻璃窗子发着白了!这时候她才一粒一粒的流着眼泪。10年前就是这个天刚亮的时候,金珠的爹爹从炕上抬到床上,那白色的脸,连一句话也没说而死去的人……10年前了!在外面帮工,住亲戚也是10年了!

她把枕头和眼角相接近,使眼泪流到枕头上去,而不去擦它一下,天色更白了!这是金珠爹爹抬进木棺的时候。那打开的木棺,可怕的,一点感情也没有的早晨又要来似的……她带泪的眼睛合起来,紧紧地压在枕头上。起床时,金珠问:"娘,你的眼睛怎么肿了呢!"

"不怎么。"

"告诉我！娘！"

"告诉你什么！都是你不听说,和华子打仗气得我……"

金珠两天没和华子打仗,到第三天她也并不想立刻打仗,因为华子的母亲翻着箱子,一面找些旧衣裳给金珠,一面告诉金珠:"你和那丫头打仗,就狠点打,我给你作主,不会出乱子的,那丫头最能气人没有的啦！我有衣裳也不能给她穿,这都给你。跟你娘到别处去受气,到我家我可不能让你受气,多可怜哪！从小就没有了爹……"

金珠把一些衣裳送给娘去,以后金珠在一家中比谁都可靠,把锁柜箱的钥匙也交给了她。她常常就在华子和小珂面前随便吃梨子,可是华子和小珂不能吃。小珂去找祖父。祖父说:"你是没有娘的孩子,少吃一口吧！"

小珂哭起来了！

这一家中,华子和母亲起着冲突,爷爷也和母亲起着冲突。

被华子的母亲迫使着,金珠又和华子吵了几回架。居然,有这么一天,金耳环挂上了金珠的耳朵了。

金珠受人这样同情,比爹爹活转来或者更幸运,饱饱满满的过着日子。

"你多可怜哪！从小就没有了爹！……"金珠常常被同情着。

华子每天上学,放学就拍皮球。金珠每天背着孩子,几乎连一点玩的工夫也没有了。

秋天,附近小学里开了一个平民教育班。

"我也上'平民学校'去吧,一天两点钟,四个月读四本书。"

华子的母亲没有答应金珠,说认字不认字都没有用,认字也吃饭,不认字也吃饭。

邻居的小姑娘和妇人们都去进"平民学校",只有金珠没能

89

去,只有金珠剩在家中抱着孩子。

金珠就很忧愁了,她想和华子交谈几句,她想借华子的书来看一下,她想让华子替她抱一下小孩,她拍几下皮球,但这都没有做,她多少有一点自尊心存在。

有天家中只剩华子、金珠、金珠的母亲,孩子睡觉了。

"华子,把你的铅笔借给我写两个字,我会写我的姓。"金珠说完话,很不好意思,嘴唇没有立刻就合起来。

华子把皮球向地面丢了一下,掉过头来,把眼睛斜着从金珠的脚下一直打量到她的头顶。

为着这事金珠把眼睛哭肿。

"娘,我们走吧,不再住她家。"

金珠想要进"平民学校"进不得,想要和华子玩玩,又玩不得,虽然是耳朵上挂着金圈,金圈也并不带来同情给她。

她患着眼病了!最厉害的时候,饭都吃不下。

"金珠啊!抱抱孩子,我吃饭。"华子的后母亲叫她。

眼睛疼得厉害的时候,可怎样抱孩子?华子就去抱。

"金珠啊!打盆脸水。"

华子就去打。

金珠的眼睛还没好,她和华子的感情可好起来。她们两个从朋友变成仇人,又从仇人变成朋友了!又搬到一个房间去睡,被子接着被子。在睡觉时金珠说:"我把耳环还给她吧!我不要这东西!"她不爱那样闪光的耳环。

没等金珠把耳环摘掉,那边已经向她要了:"小金珠,把耳环摘下来吧!我告诉你说吧,一个人若没有良心,那可真不算个人!我说,小金珠子,我对得起你,我给你多少衣裳?我给你金耳环,你不和我一个心眼,我告诉你吧!你后悔的日子在后头呢!眼看你就要戴上手镯了!可是我不能给你买了……"

金珠的母亲听到这些话,比看到金珠和华子打架更难过,帮工是帮不成的啦!

华子放学回来,她就抱着孩子等在大门外,笑眯眯的,永久是那个样子,后来连晚饭也不吃,等华子一起吃。若买一件东西,华子同意她就同意。比方买一个扣发的针啦,或是一块小手帕啦!若金珠同意华子也同意。夜里华子为着学校忙着编织物,她也伴着她不睡,华子也教她识字。

金珠不像从前可以任意吃着水果,现在她和小珂、华子同样,依在门外嗅一些水果香。华子的母亲和父亲骂华子,骂小珂,也同样骂着金珠。

终久又有这样的一天,金珠和母亲被驱着走了。

两个朋友,哭着分开。

# 白面孔

恐怖压到剧团的头上，陈成的白面孔在月光下更白了。这种白色使人感到事件的严重。落过秋雨的街道，脚在街石上发着"巴巴"的声音，李，郎华，我们四个人走过很长的一条街。李说："徐志，我们那天去试演，他不是没有到吗？被捕一个礼拜了！我们还不知道……"

"不要说。在街上不要说。"我撞动她的肩头。

鬼祟的样子，郎华和陈成一队，我和李一队。假如有人走在后面，还不等那人注意我，我就先注意他，好像人人都知道我们这回事。街灯也变了颜色，其实我们没有注意到街灯，只是紧张地走着。

李和陈成是来给我们报信，听说剧团人老柏已经三天不敢回家，有密探等在他的门口，他在准备逃跑。

我们去找胖朋友，胖朋友又有什么办法？他说："×××科里面的事情非常秘密，我不知道这事，我还没有听说。"他在屋里转着弯子。

回到家锁了门，又在收拾书箱，明知道没有什么可收拾的，但本能地要收拾。后来，也把那一些册子从过道拿到后面样子房去。看到册子并不喜欢，反而感到累赘了！

老秦的面孔也白起来，那是在街上第二天遇见他。我们没说什么,因为郎华早已通知他这事件。

没有什么办法,逃,没有路费,逃又逃到什么地方去?不安定的生活又重新开始。从前是闹饿,刚能弄得饭吃,又闹着恐怖。好像从来未遇过的恶的传闻和事实,都在这时来到:日本宪兵队前夜捉去了谁,昨夜捉去了谁……听说昨天被捉去的人与剧团又有关系……

耳孔里塞满了这一些,走在街上也是非常不安。在中央大街的中段,竟有这样突然的事情——郎华被一个很瘦的高个子在肩上拍了一下,就带着他走了!转弯走向横街去,郎华也一声不响地就跟他走,也好像莫名其妙地脱开我就跟他去……起先我的视线被电影院门前的人们遮断,但我并不怎样心跳,那人和郎华很密切的样子,肩贴着肩,踱过来,但一点感情也没有,又踱过去……这次走了许多工夫就没再转回来。我想这是用的什么计策吧?把他弄上圈套。

结果不是要捉他,那是他的一个熟人,多么可笑的熟人呀!太突然了!神经衰弱的人会吓出神经病来。"哎呀危险,你们剧团里人捕去了两个了……"在街上他竟弄出这样一个奇特的样子来,他不断地说,"你们应该预备预备。"

"我预备什么?怕也不成,遇上算。"郎华的肩连摇也不摇地说。

这几天发生的事情极多,做编辑的朋友陵也跑掉了。汪林喝过酒的白面孔也出现在院心。她说她醉了一夜,她说陵前夜怎样送她到家门,怎样要去了她一把削瓜皮的小刀……她一面说着,一面幻想,脸也是白的。好像不好的事情都一起发生,朋友们变了样。汪林在院子里走来走去,也变了样。

只失掉了剧员徐志,剧团的事就在恐怖中不再提起了。

# 无　题

早晨一起来我就晓得我是住在湖边上了。

我对于这在雨天里的湖的感觉，虽然生疏，但并不像南方的朋友们到了北方，对于北方的风沙的迷漫，空气的干燥，大地的旷荡所起的那么不可动摇的厌恶和恐惧。由之于厌恶和恐惧，他们对于北方反而讴歌起来了。

沙土迷了他们的眼睛的时候，他们说："伟大的风沙啊！"黄河地带的土层遮漫了他们的视野的时候，他们说那是无边的使他们不能相信那也是大地。迎着风走去，大风塞住他们的呼吸的时候，他们说："这……这……这……"他们说不出来了，北方对于他们的讴歌也伟大到不能够容许了。

但，风一停住，他们的眼睛能够睁开的时候，他们仍旧是看，而嘴也就仍旧是说。

有一次我忽然感到是被侮辱着了，那位一路上对大风讴歌的朋友，一边擦着被风沙伤痛了的眼睛一边问着我："你们家乡那边就终年这样？"

"那里！那里！我们那边冬天是白雪，夏天是云、雨、蓝天和绿树……只是春天有几次大风，因为大风是季节的症候，所以人们也爱它。"是往山西去的路上，我就指着火车外边所有的黄土层，"在我们家乡那边都是平原，夏天是青的，冬天是白的，春天大地被太阳蒸发着,好像冒烟一样从冬天活过来了,而秋天收割。"

而我看他似乎不很注意听的样子。

"东北还有不被采伐的煤矿,还有大森林……所以日本人……"

"唔!唔!"他完全没有注意听,他的拜佩完全是对着风沙和黄土。

我想这对于北方的讴歌就像对于原始的大兽的讴歌一样。

在西安和八路军残废兵是同院住着,所以朝夕所看到的都是他们。有一天我看到一个残废的女兵,我就向别人问:"也是战斗员吗?"

那回答我的人也非常含混,他说也许是战斗员,也许是女救护员,也说不定。

等我再看那腋下支着两根木棍,同时摆荡着一只空裤管的女人的时候,但是看不见了,她被一堵墙遮没住,留给我的只是那两根使她每走一步,那两肩不得安宁的新从木匠手里制作出来的白白木棍。

我面向着日本帝国主义,我要讴歌了!就像南方的朋友们去到了北方,对于那终年走在风沙里的瘦驴子,由于同情而要讴歌她了。

但这只是一刻的心情,对于野蛮的东西所遗留下来的痕迹,憎恶在我是会破坏了我的艺术的心意的。

那女兵将来也要做母亲的,孩子若问她:"妈妈为什么你少了一条腿呢?"

妈妈回答是日本帝国主义给切断的。

作为一个母亲,当孩子指问到她的残缺点的时候,无管这残缺是光荣过,还是耻辱过,对于做母亲的都一齐会成为灼伤的。

被合理所影响的事物,人们认为是没有力量的(弱的)或者也就被说成生命力已经被损害了的(所谓生命力不强的)。比方屠介涅夫在作家里面，人们一提到他：好是好的，但，但……但怎么样呢？我就看到过很多对屠介涅夫摇头的人，这摇头是为什么呢？不能无所因。久了，同时也因为我对摇头的人过于琢磨的缘故，默默之中感到了，并且在我的灵感达到最高潮的时候，也就无恐惧起来，我就替摇头者们嚷着说："他的生命力不强！"

屠介涅夫是合理的，幽美的，宁静的，正路的，他是从灵魂而后走到本能的作家。和他走同一道路的，还有法国的罗曼·罗兰。

别的作家们他们则不同，他们暴乱、邪狂、破碎，他们是先从本能出发（或者一切从本能出发）而后走到灵魂。有慢慢走到灵魂的，也有永久走不到灵魂的，那永久走不到灵魂的，他就永久站在他的本能上喊着："我的生命力强啊！我的生命力强啊！"

但不要听错了，这可并不是他自己对自己的惋惜，一方面是在骄傲着生命力弱的，另一面是在招呼那些尚在向灵魂出发的在半途上感到吃力，正停在树下冒汗的朋友们。

听他这一招呼，可见生命力强的也是孤独的。于是我这佩服之感也就不完整了。

偏偏给我看到的生命力顶强的是日本帝国主义。人家都说日本帝国主义野蛮，是兽类，是爬虫类，是没有血液的东西。完全荒毛的呀！

所以这南方上的风景，看起来是比北方的风沙愉快的。

同时那位南方的朋友对于北方的讴歌，我也并不是讽刺他。去把捉完全隔离的东西，不管谁，大概都被吓住的。我对于南方的鉴赏，因为我已经住了几年的缘故，初来到南方也是不可能。

1938 年 5 月 15 日

# 永远的憧憬和追求

一九一一年,在一个小县城里边,我生在一个小地主的家里。那县城差不多就是中国的最东最北部——黑龙江省——所以一年之中,倒有四个月飘着白雪。

父亲常常为着贪婪而失掉了人性。他对待仆人,对待自己的儿女,以及对待我的祖父都是同样的吝啬而疏远,甚至于无情。

有一次,为着房屋租金的事情,父亲把房客的全套的马车赶了过来。房客的家属们哭着,诉说着,向我的祖父跪了下来,于是祖父把两匹棕色的马从车上解下来还了回去。

为着这两匹马,父亲向祖父起着终夜的争吵。

"两匹马,咱们是算不了什么的,穷人,这两匹马就是命根。"祖父这样说着,而父亲还是争吵。

九岁时,母亲死去。父亲也就更变了样,偶然打碎了一只杯子,他就要骂到使人发抖的程度。后来就连父亲的眼睛也转了弯,每从他的身边经过,我就像自己的身上生了针刺一样;他斜视着你,他那高傲的眼光从鼻梁经过嘴角而后往下流着。

所以每每在大雪中的黄昏里,围着暖炉,围着祖父,听着祖父读着诗篇,看着祖父读着诗篇时微红的嘴唇。

父亲打了我的时候,我就在祖父的房里,一直面向着窗子,从黄昏到深夜——窗外的白雪,好像白棉花一样飘着;而暖炉上水壶的盖子,则像伴奏的乐器似的振动着。

祖父时时把多纹的两手放在我的肩上,而后又放在我的头上,我的耳边便响着这样的声音:"快快长吧!长大就好了。"

二十岁那年,我就逃出了父亲的家庭。直到现在还是过着流浪的生活。

"长大"是"长大"了,而没有"好"。

可是从祖父那里,知道了人生除掉了冰冷和憎恶而外,还有温暖和爱。

所以我就向这"温暖"和"爱"的方面,怀着永久的憧憬和追求。

# 欧罗巴旅馆

楼梯是那样长,好像让我顺着一条小道爬上天顶。其实只是三层楼,也实在无力了。

手扶着楼栏,努力拔着两条颤颤的,不属于我的腿,升上几步,手也开始和腿一般颤。

等我走进那个房间的时候,和受辱的孩子似的偎上床去,用袖口慢慢擦着脸。

他——郎华,我的情人,那时候他还是我的情人,他问我了:"你哭了吗?"

"为什么哭呢?我擦的是汗呀,不是眼泪呀!"

不知是几分钟过后,我才发现这个房间是如此的白,棚顶是斜坡的棚顶,除了一张床,地下有一张桌子,一围藤椅。离开床沿用不到两步可以摸到桌子和椅子。开门时,那更方便,一张门扇躺在床上可以打开。住在这白色的小室,我好像住在幔帐中一般。我口渴,我说:"我应该喝一点水吧!"

他要为我倒水时,他非常着慌,两条眉毛好像要连接起来,在鼻子的上端扭动了好几下:"怎样喝呢?用什么喝?"

桌子上除了一块洁白的桌布,干净得连灰尘都不存在。

我有点昏迷,躺在床上听他和茶房在过道说了些时,又听到门响,他来到床边。我想他一定举着杯子在床边,却不,他的手两面却分张着:"用什么喝?可以吧?用脸盆来喝吧!"

他去拿藤椅上放着才带来的脸盆时,毛巾下面刷牙缸被他发现,于是拿着刷牙缸走去。

旅馆的过道是那样寂静,我听他踏着地板来了。

正在喝着水,一只手指抵在白床单上,我用发颤的手指抚来抚去。他说:"你躺下吧!太累了。"

我躺下也是用手指抚来抚去,床单有突起的花纹,并且白得有些闪我的眼睛,心想:不错的,自己正是没有床单。我心想的话他却说出了!

"我想我们是要睡空床板的,现在连枕头都有。"说着,他拍打我枕在头下的枕头。

"咯咯——"有人打门,进来一个高大的俄国女茶房,身后又进来一个中国茶房:"也租铺盖吗?"

"租的。"

"五角钱一天。"

"不租。"

"不租。"

我也说不租,郎华也说不租。

那女人动手去收拾:软枕,床单,就连桌布她也从桌子扯下去。床单夹在她的腋下。

一切都夹在她的腋下。一秒钟,这洁白的小室跟随她花色的包头巾一同消失去。

我虽然是腿颤,虽然肚子饿得那样空,我也要站起来,打开柳条箱去拿自己的被子。

小室被劫了一样,床上一张肿胀的草褥赤现在那里,破木桌一些黑点和白圈显露出来,大藤椅也好像跟着变了颜色。

晚饭以前,我们就在草褥上吻着抱着过的。

晚饭就在桌子上摆着,黑"列巴"①和白盐。

晚饭以后,事件就开始了:

开门进来三四个人,黑衣裳,挂着枪,挂着刀。进来先拿住郎华的两臂,他正赤着胸膛在洗脸,两手还是湿着。他们那些人,把箱子弄开,翻扬了一阵。

"旅馆报告你带枪,没带吗?"那个挂刀的人问。随后那人在床下扒得了一个长纸卷,里面卷的是一支剑。他打开,抖着剑柄的红穗头,"你哪里来的这个?"

停在门口那个去报告的俄国管事,挥着手,急得涨红了脸。

警察要带郎华到局子里去。他也预备跟他们去,嘴里不住地说:"为什么单独用这种方式检查我?妨碍我?"

最后警察温和下来,他的两臂被放开,可是他忘记了穿衣裳,他湿水的手也干了。

原因日间那白俄来取房钱,一日两元,一月六十元。我们只有五元钱。马车钱来时去掉五角。那白俄说:"你的房钱,给!"他好像知道我们没有钱似的,他好像是很着忙,怕是我们跑走一样。他拿到手中两元票子又说:"六十元一月,明天给!"原来包租一月三十元,为了松花江涨水才有这样的房价。如此,他摇手瞪眼地说:"你的明天搬走,你的明天走!"

郎华说:"不走,不走……"

"不走不行,我是经理……"

郎华从床下取出剑来,指着白俄:"你快给我走开,不然,我宰了你。"

他慌张着跑出去了,去报告警察所,说我们带着凶器,其实剑裹在纸里,那人以为是大枪,而不知是一支剑。

---

① "列巴":俄语,面包。

结果警察带剑走了,他说:"日本宪兵若是发现你有剑,那你非吃亏不可,了不得的,说你是大刀会。我替你寄存一夜,明天你来取。"

　　警察走了以后,闭了灯,锁上门,街灯的光亮从小窗口跑下来,凄凄淡淡的,我们睡了。在睡中不住想:警察是中国人,倒比日本宪兵强得多啊!

　　天明了,是第二天,从朋友处被逐出来是第二天了。

# 雪　天

　　我直直是睡了一个整天,这使我不能再睡。小屋子渐渐从灰色变做黑色。

　　睡得背很痛,肩也很痛,并且也饿了。我下床开了灯,在床沿坐了坐,到椅子上坐了坐,扒一扒头发,揉擦两下眼睛,心中感到幽长和无底,好像把我放下一个煤洞去,并且没有灯笼,使我一个人走沉下去。屋子虽然小,在我觉得和一个荒凉的广场样,屋子的墙壁离我比天还远,那是说一切不和我发生关系,那是说我的肚子太空了!

　　一切街车街声在小窗外闹着。可是三层楼的过道非常寂静。每走过一个人,我留意他的脚步声,那是非常响亮的,硬底皮鞋踏过去,女人的高跟鞋更响亮而且焦急,有时成群的响声,男男女女穿插着过了一阵。我听遍了过道上一切引诱我的声音,可是不用开门看,我知道郎华还没回来。

　　小窗那样高,囚犯住的屋子一般,我仰起头来,看见那一些纷飞的雪花从天空忙乱地跌落,有的也打在玻璃窗片上,即刻就消融了,变成水珠滚动爬行着,玻璃窗被它画成没有意义、无组织的条纹。

　　我想:雪花为什么要翩飞呢?多么没有意义!忽然我又想:我不也是和雪花一般没有意义吗?坐在椅子里,两手空着,什么也不做；口张着，可是什么也不吃。我十分和一架完全停止了的机器相像。

　　过道一响，我的心就非常跳，那该不是郎华的脚步？一种穿软底鞋的声音，嚓嚓来近门口，我仿佛是跳起来，我心害怕着：他冻得可怜了吧？他没有带回面包来吧！

　　开门看时，茶房站在那里："包夜饭吗？"

　　"多少钱？"

　　"每份六角。包月十五元。"

　　"……"我一点都不迟疑地摇着头，怕是他把饭送进来强迫我吃似的，怕他强迫向我要钱似的。茶房走出，门又严肃地关起来。一切别的房中的笑声，饭菜的香气都断绝了，就这样用一道门，我与人间隔离着。

　　一直到郎华回来，他的胶皮底鞋擦在门槛，我才止住幻想。茶房手上的托盘，盛着肉饼、炸黄的番薯、切成大片有弹力的面包……

　　郎华的夹衣上那样湿了，已湿的裤管拖着泥。鞋底通了孔，使得袜子也湿了。

　　他上床暖一暖，脚伸在被子外面，我给他用一张破布擦着脚上冰凉的黑圈。

　　当他问我时，他和呆人一般，直直的腰也不弯："饿了吧？"

　　我几乎是哭了。我说："不饿。"为了低头，我的脸几乎接触到他冰凉的脚掌。

　　他的衣服完全湿透，所以我到马路旁去买馒头。就在光身的木桌上，刷牙缸冒着气，刷牙缸伴着我们把馒头吃完。馒头既然吃完，桌上的铜板也要被吃掉似的。他问我："够不够？"

　　我说："够了。"

　　我问他："够不够？"

他也说:"够了。"

隔壁的手风琴唱起来,它唱的是生活的痛苦吗?手风琴凄凄凉凉地唱呀!

登上桌子,把小窗打开。这小窗是通过人间的孔道:楼顶,烟囱,飞着雪沉重而浓黑的天空,路灯,警察,街车,小贩,乞丐,一切显现在这小孔道,繁繁忙忙的市街发着响。

隔壁的手风琴在我们耳里不存在了。

# 他去追求职业

他是一条受冻受饿的犬呀!

在楼梯尽端,在过道的那边,他着湿的帽子被墙角隔住,他着湿的鞋子踏过发光的地板,一个一个排着脚踵的印泥。

这还是清早,过道的光线还不充足。可是有的房间门上已经挂好"列巴圈"①了!送牛奶的人,轻轻带着白色的、发热的瓶子,排在房间的门外。这非常引诱我,好像我已嗅到"列巴圈"的麦香,好像那成串肥胖的圆形的点心,已经挂在我的鼻头上。几天没有饱食,我是怎样的需要啊!胃口在胸膛里面收缩,没有钱买,让那"列巴圈"们白白在虐待我。

过道渐渐响动起来。他们呼唤着茶房,关门开门,倒脸水。外国女人清早便高声说笑。可是我的小室,没有光线,连灰尘都看不见飞扬,静得桌子在墙角欲睡了,藤椅在地板上伴着桌子睡,静得棚顶和天空一般高,一切离得我远远,一切都厌烦我。

下午,郎华还不回来。我到过道口站了好几次。外国女人红色的裙子,蓝色的裙子……一张张笑着的骄傲的脸庞,走下楼梯,她们的高跟鞋打得楼梯清脆发响。圆胖而生着大胡子的男人,那样不相称地捉着长耳环、黑脸的和小鸡一般瘦小的"吉卜

---

① "列巴圈":俄语和华语的混合语,面包圈。

赛"女人上楼来。茶房在前面去给打开一个房间。长时间以后,又上来一群外国孩子,他们嘴上嗑着瓜子儿,多冰的鞋底在过道上噼噼啪啪地留下痕迹过去了。

看遍了这一些人,郎华总是不回来。我开始打旋子,经过每个房间,轻轻荡来踱去,别人已当我是个偷儿,或是讨乞的老婆,但我自己并不感觉。仍是带着我苍白的脸,褪了色的蓝布宽大的单衫踱荡着。

忽然楼梯口跑上两个一般高的外国姑娘。

"啊呀!"指点着向我说,"你的……真好看!"

另一个样子像是为了我倒退了一步,并且那两个不住翻着衣襟给我看:"你的……真好看!"

我没有理她们。心想:她们帽子上有水滴,不是又落雪?

跑回房间,看一看窗子究竟落雪不。郎华是穿着昨晚潮湿的衣裳走的。一开窗,雪花便满窗倒倾下来。

郎华回来,他的帽檐滴着水,我接过来帽子,问他:"外面上冻了吗?"

他把裤口摆给我看,我用手摸时,半截裤管又凉又硬。他抓住我在摸裤管的手说:"小孩子,饿坏了吧!"

我说:"不饿。"我怎能说饿呢!为了追求食物,他的衣服都结冰了。

过一会,他拿出二十元票子给我看。忽然使我痴呆了一刻,这是哪里来的呢?

# 家庭教师

二十元票子,使他做了家庭教师。

这是第一天,他起得很早,并且脸上也像愉悦了些。我欢喜地跑到过道去倒脸水。心中埋藏不住这些愉快,使我一面折着被子,一面嘴里任意唱着什么歌的句子。而后坐到床沿,两腿轻轻地跳动,单衫的衣角在腿下面抖荡。我又跑出门外,看了几次那个提篮卖面包的人,我想他应该吃些点心吧,八点钟他要去教书,天寒,衣单,又空着肚子,那是不行的。

但是还不见那提着膨胀的篮子的人来到过道。

郎华做了家庭教师,大概他自己想也应该吃了。当我下楼时,他就自己在买,长形的大提篮已经摆在我们房间的门口。他仿佛是一个大蝎虎样,贪婪地,为着他的食欲,从篮子里往外捉取着面包、圆形的点心和"列巴圈",他强健的两臂,好像要把整个篮子抱到房间里才能满足。最后他付过钱,下了最大的决心,舍弃了篮子,跑回房中来吃。

还不到八点钟,他就走了。九点钟刚过,他就回来。下午太阳快落时,他又去一次,一个钟头又回来。他已经慌慌忙忙像是生活有了意义似的。当他回来时,他带回一个小包袱,他说那是才从当铺取出的从前他当过的两件衣裳。他很有兴致地把一件长夹袍从包袱里解出来,还有一件小毛衣。

"你穿我的夹袍，我穿毛衣。"他吩咐着。

于是两个人各自赶快穿上。他的毛衣很合适。惟有我穿着他的夹袍，两只脚使我自己看不见，手被袖口吞没去，宽大的袖口，使我忽然感到我的肩膀一边挂好一个口袋，就是这样，我觉得很合适，很满足。

电灯照耀着满城市的人家。钞票带在我的衣袋里，就这样，两个人理直气壮地走在街上，穿过电车道，穿过扰攘着的那条破街。

一扇破碎的玻璃门，上面封了纸片，郎华拉开它，并且回头向我说："很好的小饭馆，洋车夫和一切工人全都在这里吃饭。"

我跟着进去。里面摆着三张大桌子。我有点看不惯，好几部分食客都挤在一张桌上。屋子几乎要转不过来身。我想：让我坐在哪里呢？三张桌子都是满满的人。我在袖口外面捏了一下郎华的手说："一张空桌也没有，怎么吃？"

他说："在这里吃饭是随随便便的，有空就坐。"他比我自然得多，接着，他把帽子挂到墙壁上。堂倌走来，用他拿在手中已经擦满油腻的布巾抹了一下桌角，同时向旁边正在吃的那个人说："借光，借光。"

就这样，郎华坐在长板凳上那个人剩下来的一头。至于我呢，堂倌把掌柜独坐的那个圆板凳搬来，占据着大桌子的一头。我们好像存在也可以，不存在也可以似的。不一会，小小的菜碟摆上来。我看到一个小圆木砧上堆着煮熟的肉，郎华跑过去，向着木砧说了一声："切半角钱的猪头肉。"

那个人把刀在围裙上，在那块脏布上抹了一下，熟练地挥动着刀在切肉。我想：他怎么知道那叫猪头肉呢？很快地我吃到猪头肉了。后来，我又看见火炉上煮着一个大锅，我想要知道这锅里到底盛的是什么，然而当时我不敢，不好意思站起来满屋摆荡。

"你去看看吧。"

"那没有什么好吃的。"郎华一面去看,一面说。

正相反,锅虽然满挂着油腻,里面却是肉丸子。掌柜连忙说:"来一碗吧?"

我们没有立刻回答。掌柜又连忙说:"味道很好哩。"

我们怕的倒不是味道好不好,既然是肉的,一定要多花钱吧!我们面前摆了五六个小碟子,觉得菜已经够了。他看看我,我看看他。

"这么多菜,还是不要肉丸子吧?"我说。

"肉丸子还带汤。"我看他说这话,是愿意了,那么吃吧。一决心,肉丸子就端上来。

破玻璃门边,来来往往有人进出,戴破皮帽子的,穿破皮袄的,还有满身红绿的油匠,长胡子的老油匠,十二三岁尖嗓子的小油匠。脚下有点潮湿得难过了。可是门仍不住地开关,人们仍是来来往往。一个岁数大一点的妇人,抱着孩子在门外乞讨,仅仅在人们开门时她说一声:"可怜可怜吧!给小孩点吃的吧!"然而她从不动手推门。后来大概她等到时间太长了,就跟着人们进来,停在门口,她还不敢把门关上,表示出她一得到什么东西很快就走的样子。忽然全屋充满了冷空气。郎华拿馒头正要给她,掌柜的摆着手:"多得很,给不得。"

靠门的那个食客强关了门,已经把她赶出去了,并且说:"真他妈的,冷死人,开着门还行!"

不知哪一个发了这一声:"她是个老婆子,你把她推出去。若是个大姑娘,不抱住她,你也得多看她两眼。"

全屋人差不多都笑了,我却听不惯这话,我非常恼怒。

郎华为着猪头肉喝了一小壶酒,我也帮着喝。同桌的那个人只吃咸菜,喝稀饭,他结账时还不到一角钱。接着,我们也结账:小菜每碟二分,五碟小菜,半角钱猪头肉,半角钱烧酒,丸子汤八分,外加八个大馒头。

走出饭馆,使人吃惊,冷空气立刻裹紧全身,高空闪烁着繁星。我们奔向有电车经过叮叮响的那条街口。

"吃饱没有?"他问。

"饱了。"我答。

经过街口卖零食的小亭子,我买了两块纸包糖,我一块,他一块,一面上楼,一面吮着糖的滋味。

"你真像个大口袋。"他吃饱了以后才向我说。

同时我打量着他,也非常不像样。在楼下大镜子前面,两个人照了好久。他的帽子仅仅扣住前额,后脑勺被忘记似的,离得帽子老远老远的独立着。很大的头,顶个小卷沿帽,最不相宜的就是这个小卷沿帽,在头顶上看起来十分不牢固,好像乌鸦落在房顶,有随时飞走的可能。别人送给他的那身学生服短而且宽。

走进房间,像两个大孩子似的,互相比着舌头,他吃的是红色的糖块,所以是红舌头,我是绿舌头。比完舌头之后,他忧愁起来,指甲在桌面上不住地敲响。

"你看,我当家庭教师有多么不带劲!来来往往冻得和个小叫花子似的。"

当他说话时,在桌上敲着的那只手的袖口,已是破了,拖着线条。我想破了倒不要紧,可是冷怎么受呢?

长久的时间静默着,灯光照在两人脸上,也不跳动一下,我说要给他缝缝袖口,明天要买针线。说到袖口,他警觉一般看一下袖口,脸上立刻浮现着幻想,并且嘴唇微微张开,不太自然似的,又不说什么。

关了灯,月光照在窗外,反映得全室微白。两人扯着一张被子,头下破书当作枕头。隔壁手风琴又咿咿呀呀地在诉说生之苦乐。乐器伴着他,他慢慢打开他幽禁的心灵了:"敏子……这是敏子姑娘给我缝的。可是过去了,过去了就没有什么意义。我对你说过,那时候我疯狂了。直到最末一次信来,才算结束,结束就是说从那时起她不再给我来信了。这样意外的,相信也不能相信的事情,弄得我昏迷了许多日子……以前许多信都是写着爱我……甚至于说非爱我不可。最末一次信却骂起我来,直到现在我还不相信,可是事实是那样……"

他起来去拿毛衣给我看:"你看这桃色的线……是她缝的……敏子缝的……"

又灭了灯,隔壁的手风琴仍不停止。在说话里边他叫那个名字"敏子,敏子。"都是喉头发着水声。

"很好看的,小眼眉很黑……嘴唇很……很红啊!"说到恰好的时候,在被子里边他紧紧捏了我一下手。我想:我又不是她。

"嘴唇通红通红……啊……"他仍说下去。

马蹄打在街石上嗒嗒的响声。每个院落在想象中也都睡去。

# 来　客

　　打过门,随后进来一个胖子,穿的绸大衫,他也说他来念书,这使我很诧异。他四五十岁的样子,又是个买卖人,怎么要念书呢?过了好些时候,他说要念庄子。白话文他说不用念,一看就明白,那不算学问。

　　郎华该怎么办呢?郎华说:"念庄子也可以。"

　　那胖子又说,每一星期要做一篇文章,要请先生改。郎华说,也可以。郎华为了钱,为了一点点的学费,这都可以。另一天早晨,又来一个年轻人,郎华不在家,他就坐在草褥上等着,他好像有肺病,一面看床上的旧报纸,一面问我:"门外那张纸贴上写着打武术,每月五元,不能少点吗?"

　　"等一等再讲吧!"我说。

　　他规规矩矩,很无聊地坐着。大约十分钟又过去了!郎华怎么还不回来。我很着急。得一点教书钱,好像做一笔买卖似的。我想这笔买卖是做不成了,那人直说要走。

　　"你等一等,就回来的,就回来的。"

　　结果不能等,临走时向我告诉:"我有肺病,我是从'大罗新'(商店)下来的,一年了,病也不好。医生叫我运动运动。吃药花钱太多,也不能吃了!运动总比挺着强。昨天我看报上有广告,才知道这里教武术。先生回来,请向先生说说,学费少一点。"

从家庭教师广告登出去,就有人到这里治病,念庄子,还有人要练"飞檐走壁",问先生会不会"飞檐走壁"。

那天,又是郎华不在家,来一个人,还没有坐定,他就走了。他看一看床上就是一张光身的草褥,被子卷在床头,灰色的棉花从破孔流出来,我想去折一下,又来不及。那人对准地下两只破鞋打量着。他的手杖和眼镜都闪着光,在他看来,教武术的先生不用问是个讨饭的家伙。

# 提篮者

提篮人,他的大篮子,长形面包,圆面包……每天早晨他带来诱人的麦香,等在过道。

我数着……三个,五个,十个……把所有的铜板给了他。一块黑面包摆在桌子上。郎华回来第一件事,他在面包上掘了一个洞,连帽子也没脱掉,就嘴里嚼着,又去找白盐。他从外面带进来的冷空气发着腥味。他吃面包,鼻子时时滴下清水滴。

"来吃啊!"

"就来。"我拿了刷牙缸,跑下楼去倒开水。回来时,面包差不多只剩硬壳在那里。

他紧忙说:"我吃得真快,怎么吃得这样快?真自私,男人真自私。"只端起牙缸来喝水,他再不吃了!

我再叫他吃,他也不吃。只说:"饱了,饱了!吃去你的一半还不够吗?男人不好,只顾自己。你的病刚好,一定要吃饱的。"他给我讲着,他怎样要开一个"学社",教武术,还教什么什么……这时候,他的手又凑到面包壳上去,并且另一只手也来了!扭了一块下去,已经送到嘴里,已经咽下去,他也没有发觉;第二次又来扭,可是说了:"我不应该再吃,我已经吃饱。"

他的帽子仍没有脱掉,我替他脱了去,同时送一块面包皮到他的嘴上。

喝开水，他也是一直喝，等我向他要，他才给我。

"晚上，我领你到饭馆去吃。"我觉得很奇怪，没钱怎么可以到饭馆去吃呢！

"吃完就走，这年头不吃还饿死？"他说完，又去倒开水。

第二天，挤满面包的大篮子又等在过道。我始终没推开门。门外有别人在买，即使不开门，我也好像嗅到麦香。对面包，我害怕起来，不是我想吃面包，怕是面包要吞了我。"列巴，列巴！"哈尔滨叫面包做"列巴"，卖面包的人打着我们的门在招呼。带着心惊，买完了说："明天给你钱吧，没有零钱。"

星期日，家庭教师也休息。只有休息，连早饭也没有。提篮人在打门，郎华跳下床去，比猫跳得更得法，轻快，无声。我一动不动。"列巴"就摆在门口。郎华光着脚，只穿一件短裤，衬衣搭在肩上，胸膛露在外面。

一块黑面包，一角钱。我还要五分钱的"列巴圈"，那人用绳穿起来。我还说："不用，不用。"我打算就要吃了！我伏在床上，把头抬起来，正像遇见了桑叶而抬头的蚕一样。

可是，立刻受了打击，我眼看着那人从郎华的手上把面包夺回去，五个"列巴圈"也夺回去。

"明早一起取钱不行吗？"

"不行，昨天那半角也拿给我吧！"我充满口涎的舌头向嘴唇舐了几下，不但"列巴圈"没有吃到，把所有的铜板又都带走了。

"早饭吃什么呀？"

"你说吃什么？"锁好门，他又回到床上时，冰冷的身子贴住我。

# 饿

"列巴圈"挂在过道别人的门上,过道好像还没有天明,可是电灯已经熄了。夜间遗留下来睡朦朦的气息充塞在过道,茶房气喘着,抹着地板。我不愿醒得太早,可是已经醒了,同时再不能睡去。

厕所房的电灯仍开着,和夜间一般昏黄,好像黎明还没有到来,可是"列巴圈"已经挂上别人家的门了!有的牛奶瓶也规规矩矩地等在别人的房间外。只要一醒来,就可以随便吃喝。但,这都只限于别人,是别人的事,与自己无关。

扭开了灯,郎华睡在床上,他睡得很恬静,连呼吸也不震动空气一下。听一听过道连一个人也没走动,全旅馆的三层楼都在睡中,越这样静越引诱我,我的那种想头越坚决。过道尚没有一点声息,过道越静越引诱我,我的那种想头越想越充胀我:去拿吧!正是时候,即使是偷,那就偷吧!

轻轻扭动钥匙,门一点响动也没有。探头看了看,"列巴圈"对门就挂着,东隔壁也挂着,西隔壁也挂着。天快亮了!牛奶瓶的乳白色看得真真切切,"列巴圈"比每天也大了些。结果什么也没有去拿,我心里发烧,耳朵也热了一阵,立刻想到这是"偷"。儿时的记忆再现出来,偷梨吃的孩子最羞耻。过了好久,我就贴在已关好的门扇上,大概我像一个没有灵魂的、纸剪成的人贴在门扇。大概这样吧。街车唤醒了我,马蹄嗒嗒、车轮吱吱地响过去。我抱紧胸膛,把头也挂到胸口,向我自己心说:我饿呀!不是"偷"呀!

第二次也打开门,这次我决心了!偷就偷,虽然是几个"列巴圈",我也偷,为着我"饿",为着他"饿"。

第二次又失败,那么不去做第三次了。下了最后的决心,爬上床,关了灯,推一推郎华,他没有醒,我怕他醒。在"偷"这一刻,郎华也是我的敌人;假若我有母亲,母亲也是敌人。

天亮了!人们醒了。做家庭教师。无钱吃饭也要去上课,并且要练武术。他喝了一杯空茶走的,过道那些"列巴圈"早已不见,都让别人吃了。从昨夜饿到中午,四肢软弱一点,肚子好像被踢打放了气的皮球。

窗子在墙壁中央,天窗似的,我从窗口升了出去,赤裸裸,完全和日光接近;市街临在我的脚下,直线的,错综着许多角度的楼房,大柱子一般工厂的烟囱,街道横顺交织着,秃光的街村。白云在天空做出各样的曲线,高空的风吹乱我的头发,飘荡我的衣襟。市街像一张繁繁杂杂颜色不清晰的地图,挂在我们眼前。楼顶和树梢都挂住一层稀薄的白霜,整个城市在阳光下闪闪烁烁撒了一层银片。我的衣襟被风拍着作响,我冷了,我孤孤独独的好像站在无人的山顶。每家楼顶的白霜,一刻不是银片了,而是些雪花、冰花,或是什么更严寒的东西在吸我,像全身浴在冰水里一般。

我披了棉被再出现到窗口,那不是全身,仅仅是头和胸突在窗口。一个女人站在一家药店门口讨钱,手下牵着孩子,衣襟裹着更小的孩子。药店没有人出来理她,过路人也不理她,都像说她有孩子不对,穷就不该有孩子,有也应该饿死。

我只能看到街路的半面,那女人大概向我的窗下走来,因为我听见那孩子的哭声很近。"老爷,太太,可怜可怜……"可是看不见她在追逐谁,虽然是三层楼。也听得这般清楚。她一定是跑得颠颠断断地呼喘:"老爷……老爷……可怜吧!"

那女人一定正像我,一定早饭还没有吃,也许昨晚的也没有吃。她在楼下急迫地来回的呼声传染了我,肚子立刻响起来,肠子不住地呼叫……郎华仍不回来,我拿什么来喂肚子呢?桌子可以吃吗?草褥子可以吃吗?

晒着阳光的行人道,来往的行人,小贩,乞丐……这一些看得我疲倦了!打着呵欠,从窗口爬下来。

窗子一关起来,立刻生满了霜,过一刻,玻璃片就流着眼泪了!起初是一条一条的,后来就大哭了!满脸是泪,好像在行人道上讨饭的母亲的脸。

我坐在小屋,像饿在笼中的鸡一般,只想合起眼睛来静着,默着,但又不是睡。

"咯,咯!"这是谁在打门!我快去开门,是三年前旧学校里的图画先生。

他和从前一样很喜欢说笑话,没有改变,只是胖了一点,眼睛又小了一点。他随便说,说得很多。他的女儿,那个穿红花旗袍的小姑娘,又加了一件黑绒上衣,她在藤椅上,怪美丽的。但她有点不耐烦的样子:"爸爸,我们走吧。"小姑娘哪里懂得人生!小姑娘只知道美,哪里懂得人生?

曹先生问:"你一个人住在这里吗?"

"是——"我当时不晓得为什么答应"是",明明是和郎华同住,怎么要说自己住呢?

好像这几年并没有别开,我仍在那个学校读书一样。他说:"还是一个人好,可以把整个的心身献给艺术。你现在不喜欢画,你喜欢文学,就把全心身献给文学。只有忠心于艺术的心才不空虚,只有艺术才是美,才是真美。'爱情'这话很难说,若是为了性欲才爱,那么就不如临时解决,随便可以找到一个,只要是异性。爱是爱,'爱'很不容易。那么就不如爱艺术,比较不空虚……"

"爸爸,走吧!"小姑娘哪里懂得人生,只知道"美",她看一看这屋子一点意思也没有,床上只铺一张草褥子。

"是,走——"曹先生又说,眼睛指着女儿,"你看我,十三岁就结了婚。这不是吗?曹云都十五岁啦!"

"爸爸,我们走吧!"

他和几年前一样,总爱说"十三岁"就结了婚。差不多全校同学都知道曹先生是十三岁结婚的。

"爸爸,我们走吧!"

他把一张票子丢在桌上就走了!那是我写信去要的。

郎华还没有回来,我应该立刻想到饿,但我完全被青春迷惑了,读书的时候,哪里懂得"饿"?只晓得青春最重要,虽然现在我也并没老,但总觉得青春是过去了!过去了!

我冥想了一个长时期,心浪和海水一般翻了一阵。

追逐实际吧!青春惟有自私的人才系念她,"只有饥寒,没有青春"。

几天没有去过的小饭馆,又坐在那里边吃喝了。"很累了吧!腿可疼?道外道里要有十五里路。"我问他。

只要有得吃,他也很满足,我也很满足。其余什么都忘了!

那个饭馆,我已经习惯,还不等他坐下,我就抢了个地方先坐下,我也把菜的名字记得很熟,什么辣椒白菜啦,雪里红豆腐啦……什么酱鱼啦!怎么叫酱鱼呢?哪里有鱼!用鱼骨头炒一点酱,借一点腥味就是啦!我很有把握,我简直都不用算一算就知道这些菜也超不过一角钱。因此我用很大的声音招呼,我不怕,我一点也不怕花钱。

回来,没有睡觉之前,我们一面喝着开水,一面说:"这回又饿不着了,又够吃些日子。"

闭了灯,又满足又安适地睡了一夜。

# 搬　　家

搬家！什么叫搬家？移了一个窝就是罢！

一辆马车，载了两个人，一个条箱，行李也在条箱里。车行在街口了，街车，行人道上的行人，店铺大玻璃窗里的"模特儿"……汽车驰过去了，别人的马车赶过我们急跑，马车上面似乎坐着一对情人，女人的卷发在帽檐外跳舞，男人的长臂没有什么用处一般，只为着一种表示，才遮在女人的背后。马车驰过去了，那一定是一对情人在兜风……只有我们是搬家。天空有水状的和雪融化春冰状的白云，我仰望着白云，风从我的耳边吹过，使我的耳朵鸣响。

到了，商市街××号①。

他夹着条箱，我端着脸盆，通过很长的院子，在尽头那，第一下拉开门的是郎华，他说："进去吧！"

"家"就这样的搬来。这就是"家"。

一个男孩，穿着一双很大的马靴，跑着跳着喊："妈……我老师搬来啦，我老师搬来啦！"

这就是他教武术的徒弟。

借来的那张铁床，从门也抬不进来，从窗也抬不进来。抬不

---

① ××号：即25号。

进来,真的就要睡地板吗?光着身子睡吗?铺什么?

"老师,用斧子打吧。"穿长靴的孩子去找到一柄斧子。

铁床已经站起,塞在门口,正是想抬出去也不能够的时候,郎华就用斧子打,铁击打着铁发出震鸣,门顶的玻璃碎了两块,结果床搬进来了,光身子放在地板中央。又向房东借一张桌子和两把椅子。

郎华走了,他说他去买水桶、菜刀、饭碗……

我的肚子因为冷,也许因为累,又在作痛。走到厨房去看,炉中的火熄了。未搬来之前,也许什么人在烤火,所以炉中尚有木样在燃。

铁床露着骨,玻璃窗渐渐结上冰来。下午了,阳光失去了暖力,风渐渐卷着沙泥来吹打窗子……用冷水擦着地板,擦着窗台……等到这一切做完,再没有别的事可做的时候,我感到手有点痛,脚也有点痛。

这里不像旅馆那样静,有狗叫,有鸡鸣……有人吵嚷。把手放在铁炉板上也不能暖了,炉中连一颗火星也灭掉。肚子痛,要上床去躺一躺,哪里是床!冰一样的铁条,怎么敢去接近!

我饿了,冷了,我肚痛,郎华还不回来,有多么不耐烦!连一只表也没有,连时间也不知道。多么无趣,多么寂寞的家呀!我好像落下井的鸭子一般寂寞并且隔绝。肚痛,寒冷和饥饿伴着我……什么家?简直是夜的广场,没有阳光,没有暖。

门扇大声哐啷哐啷地响,是郎华回来,他打开小桶的盖给我看:小刀,筷子,碗,水壶,他把这些都摆出来,纸包里的白米也倒出来。只要他在我身旁,饿也不难忍了,肚痛也轻了。买回来的草褥放在门外,我还不知道,我问他:"是买的吗?"

"不是买的,是哪里来的?"

"钱,还剩多少?"

"还剩！怕是不够哩！"

等他买木柈回来，我就开始点火。站在火炉边，居然间我也和小主妇一样调着晚餐。油菜烧焦了，白米饭是半生就吃了，说它是粥，比粥还硬一点；说它是饭，比饭还粘一点。这是说我做了"妇人"，不做妇人，哪里会烧饭！不做妇人，哪里懂得烧饭？晚上，房主人来时，大概是取着拜访先生的意义来的！房主人就是穿马靴那个孩子的父亲。

"我三姐来啦！"过一刻，那孩子又打门。

我一点也不能认识她。她说她在学校时每天差不多都看见我，不管在操场或是礼堂。我的名字她还记得很熟。

"也不过三年，就忘得这样厉害……你在哪一班？"我问。

"第九班。"

"第九班，和郭小娴一班吗？郭小娴每天打球，我倒认识她。"

"对啦！我也打篮球。"

但无论如何我也想不起她来，坐在我对面的简直是一个从未见过的面孔。

"那个时候，你十几岁呢？"

"十五岁吧！"

"你太小啊，学校是多半不注意小同学的。"我想了一下，我笑了。

她卷皱的头发，挂胭脂的嘴，比我好像还大一点，因为回忆完全把我带回往昔的境地去。其实，我是二十二岁了，比起她来怕是已经老了。尤其是在蜡烛光里，假若有镜子让我照一下，我一定惨败得比三十岁更老。

"三姐！你老师来啦。"

"我去学俄文。"她弟弟在外边一叫她，她就站起来说。

很爽快，完全是少女风度，长身材，细腰，闪出门去。

## 最末的一块木桦

火炉烧起又灭，灭了再弄着，灭到第三次，我懊恼了！我再不能抑止我的愤怒，我想冻死吧，饿死吧，火也点不着，饭也烧不熟。就是那天早晨，手在铁炉门上烫焦了两条，并且把指甲烧焦了一个缺口。火焰仍是从炉门喷吐，我对着火焰生气，女孩子的娇气毕竟没有脱掉。我向着窗子，心很酸，脚也冻得很痛，打算哭了。但过了好久，眼泪也没有流出，因为已经不是娇子，哭什么？

烧晚饭时，只剩一块木桦，一块木桦怎么能生火呢？那样大的炉腔，一块木桦只能占去炉腔的二十分之一。

"睡下吧，屋子太冷。什么时候饿，就吃面包。"郎华抖着被子招呼我。

脱掉袜子，腿在被子里面团卷着。想要把自己的脚放到自己的肚子上面暖一暖，但是不可能，腿生得太长了，实在感到不便，腿实在是无用。在被子里面也要颤抖似的。窗子上的霜，已经挂得那样厚，并且四壁刷的绿颜色，涂着金边，这一些更使人感到寒冷。两个人的呼吸像冒着烟一般的。玻璃上的霜好像柳絮落到河面，密结的起着绒毛。夜来时也不知道，天明时也不知道，是个没有明暗的幽室，人住在里面，正像菌类生在不见天日的大树下，快要朽了。而人不是菌类。

半夜我就醒来，并不饿，只觉到冷。郎华光着身子跳起来，点起蜡烛,到厨房去喝冷水。

"冻着,也不怕受寒!"

"你看这力气!怕冷?"他的性格是这样,逞强给我看。临上床,他还在自己肩头上打了两下。我暖着他冰冷的身子颤抖了。都说情人的身子比火还热,到此时,我不能相信这话了。

第二天,仍是一块木柈。他说,借吧!

"向哪里借!"

"向汪家借。"

写了一张纸条,他站在门口喊他的学生汪玉祥。

老厨夫抱了满怀的木柈来叫门。

不到半点钟,我的脸一定也红了,因为郎华的脸红起来。窗子滴着水。水从窗口流延到地板上,窗前来回走人也看得清,窗前啄食的小鸡也看得清,黑毛的,红毛的,也有花毛的。

"老师,练武术吗?九点钟啦!"

"等一会,吃完饭练武术!"

有了木柈,还没有米,等什么?越等越饿。他教完武术,又跑出去借钱,等他借了钱买了一大块厚饼回来,木柈又只剩了一块。这可怎么办?晚饭又不能吃。

对着这一块木柈,又爱它,又恨它,又可惜它。

# 黑"列巴"和白盐

玻璃窗子又慢慢结起霜来,不管人和狗经过窗前,都辨认不清楚。

"我们不是新婚吗?"他这话说得很响,他唇下的开水杯起一个小圆波浪。他放下杯子,在黑面包上涂一点白盐送下喉去。大概是面包已不在喉中,他又说:"这不正是度蜜月吗!"

"对的,对的。"我笑了。

他连忙又取一片黑面包,涂上一点白盐,学着电影上那样度蜜月,把涂盐的"列巴"先送上我的嘴,我咬了一下,而后他才去吃。一定盐太多了,舌尖感到不愉快,他连忙去喝水:"不行不行,再这样度蜜月,把人咸死了。"

盐毕竟不是奶油,带给人的感觉一点也不甜,一点也不香。我坐在旁边笑。

光线完全不能透进屋来,四面是墙,窗子已经无用,像封闭了的洞门似的,与外界绝对隔离开。天天就生活在这里边。素食,有时候不食,好像传说上要成仙的人在这地方苦修苦练。很有成绩,修炼得倒是不错了,脸也黄了,骨头也瘦了。我的眼睛越来越扩大,他的颊骨像木块一样突在腮边。这些功夫都做到,只是还没成仙。

"借钱""借钱",郎华每日出去"借钱"。他借回来的钱总是很少,三角,五角,借到一元,那是很稀有的事。

黑"列巴"和白盐,许多日子成了我们惟一的生命线。

# 度　日

天色连日阴沉下去,一点光也没有,完全灰色,灰得怎样程度呢?那和墨汁混到水盆中一样。

擦得很亮了,碗、筷子、小刀摆在格子上。清早起第一件事点起火炉来,而后擦地板,铺床。

烧得很热时,我便站到火炉旁烧饭,刀子、匙子弄得很响。炉火在炉腔里起着小的爆炸,饭锅腾着气,葱花炸到油里,发出很香的烹调的气味。我细看葱花在油里边滚着,渐渐变黄起来。……小洋刀好像剥着梨皮一样,把地豆刮得很白,很好看。去了皮的地豆是乳黄色,柔和而有弹力。炉台上铺好一张纸,把地豆再切成薄片。饭已熟,地豆煎好。打开小窗望了望,院心几条小狗在戏耍。

家庭教师还没有下课,菜香和米香引我回到炉前再吃两口,用匙子调一下饭,再调一下菜,很忙的样子像在偷吃。在地板上走了又走,一个钟头的课程还不到吗?于是再打开锅盖吞下几口。再从小窗望一望。我快要吃饱的时候,他才回来。习惯上知道一定是他,他都是在院心大声弄着嗓子响。我藏在门后等他,有时候我不等他寻到,就作着怪声跳出来。

早饭吃完以后,就是洗碗,刷锅,擦炉台,摆好木格子。假如有表,怕是十一点还多了!

再过三四个钟头,又是烧晚饭。他出去找职业,我在家里烧饭,我在家里等他。火炉台,我开始围着它转走起来。每天吃饭,睡觉,愁柴,愁米……

这一切给我一个印象:这不是孩子时候了,是在过日子,开始过日子。

# 飞 雪

是晚间,正在吃饭的时候,管门人来告诉:"外面有人找。"

踏着雪,看到铁栅栏外我不认识的一个人,他说他是来找武术教师。那么这人就跟我来到房中,在门口他找擦鞋的东西,可是没有预备那样完备。表示着很对不住的样子,他怕是地板会弄脏的。厨房没有灯,经过厨房时,那人为了脚下的雪差不多没有跌倒。

一个钟头过去了吧!我们的面条在碗中完全凉透,他还没有走,可是他也不说"武术"究竟是学不学,只是在那里用手帕擦一擦嘴,揉一揉眼睛,他是要睡着了!我一面用筷子调一调快凝住的面条,一面看着他把外衣的领子轻轻地竖起来,我想这回他一定是要走。然而没有走,或者是他的耳朵怕受冻,用皮领来取一下暖,其实,无论如何在屋里也不会冻耳朵,那么他是想坐在椅子上睡觉吗?这里是睡觉的地方?

结果他也没有说"武术"是学不学,临走时他才说:"想一想……想一想……"

常常有人跑到这里来想一想,也有的人第二次他再来想一想。立刻就决定的人一个也没有,或者是学或者是不学。看样子当面说不学,怕人不好意思,说学,又总觉得学费不能再少一点吗?总希望武术教师把学费自动地减少一点。

我吃饭时很不安定,替他挑碗面,替自己挑碗面,一会又剪一剪灯花,不然蜡烛颤抖得使人很不安。

两个人一句话也不说,对着蜡烛吃着冷面。雪落得很大了!出去倒脏水回来,头发就是湿的。从门口望出去,借了灯光,大雪白茫茫,一刻就要倾满人间似的。郎华披起才借来的夹外衣,到对面的屋子教武术。他的两只空袖口没进大雪片中去了。我听他开着对面那房子的门。那间客厅光亮起来。我向着窗子,雪片翻倒倾忙着,寂寞并且严肃的夜,围临着我,终于起着咳嗽关了小窗。找一本书,读不上几页,又打开小窗,雪大了呢?还是小了?人在无聊的时候,风雨,总之一切天象会引起注意来。雪飞得更忙迫,雪片和雪片交织在一起。很响的鞋底打着大门过道,走在天井里,鞋底就减轻了声音。我知道是汪林回来了。那个旧日的同学,我没能看见她穿的是中国衣裳或是外国衣裳,她停在门外的木阶上在按铃。小使女,也就是小丫鬟开了门,一面问:"谁?谁?"

"是我,你还听不出来!谁!谁!"她有点不耐烦,小姐们有了青春更骄傲,可是做丫鬟的一点也不知道这个。假若不是落雪,一定能看到那女孩是怎样无知的把头缩回去。

又去读读书,又来看看雪,读了很多页了,但什么意思呢?我也不知道。因为我心里只记得:落大雪,天就转寒。那么从此我不能出屋了吧?郎华没有皮帽,他的衣裳没有皮领,耳朵一定要冻伤的吧!在屋里,只要火炉生着火,我就站在炉边,或者更冷的时候,我还能坐到铁炉板上去把自己煎一煎。若没有木桦,我就披着被坐在床上,一天不离床,一夜不离床,但到外边可怎么能去呢?披着被上街吗?那还可以吗?

我把两只脚伸到炉腔里去,两腿伸得笔直,就这样在椅子上对着炉门看书;哪里看书,假看,无心看。

郎华一进门就说:"你在烤火腿吗?"

我问他:"雪大小?"

"你看这衣裳!"他用面巾打着外套。

雪,带给我不安,带给我恐怖,带给我终夜各种不舒适的梦……一大群小猪沉下雪坑去……麻雀冻死在电线上,麻雀虽然死了,仍挂在电线上。行人在旷野白色的大树林里,一排一排地僵直着,还有一些把四肢都冻丢了。

这样的梦以后,但总不能知道这是梦,渐渐明白些时,才紧抱住郎华,但总不能相信这不是真事。我说:"为什么要做这样的梦?照迷信来说,这可不知怎样?"

"真糊涂,一切要用科学方法来解释,你觉得这梦是一种心理,心理是从哪里来的?是物质的反映。你摸摸你这肩膀,冻得这样凉,你觉到肩膀冷,所以你做那样的梦!"很快地他又睡去。留下我觉得风从棚顶,从床底都会吹来,冻鼻头,又冻耳朵。

夜间,大雪又不知落得怎样了!早晨起来,一定会推不开门吧!记得爷爷说过:大雪的年头,小孩站在雪里露不出头顶……风不住扫打窗子,小狗在房后哽哽地叫……

从冻又想到饿,明天没有米了。

# 他的上唇挂霜了

他夜夜出去在寒月的清光下,到五里路远一条僻静的街上去教两个人读中学国文课本。这是新找到的职业,不能说是职业,只能说新找到十五元钱。

秃着耳朵,夹外套的领子还不能遮住下巴,就这样夜夜出去,一夜比一夜冷了!听得见人们踏着雪地的响声也更大。他带着雪花回来,裤子下口全是白色,鞋也被雪浸了一半。

"又下雪吗?"

他一直没有回答,像是同我生气。把袜子脱下来,雪积满他的袜口,我拿他的袜子在门扇上打着,只有一小部分雪星是震落下来,袜子的大部分全是潮湿了的。等我在火炉上烘袜子的时候,一种很难忍的气味满屋散布着。

"明天早晨晚些吃饭,南岗有一个要学武术的。等我回来吃。"他说这话,完全没有声色,把声音弄得很低很低……或者他想要严肃一点,也或者他把这事故意看作平凡的事。总之,我不能猜到了!

他赤了脚,穿上"傻鞋",去到对门上武术课。

"你等一等,袜子就要烘干的。"

"我不穿。"

"怎么不穿,汪家有小姐的。"

"有小姐,管什么?"

"不是不好看吗!"

"什么好看不好看!"他光着脚去,也不怕小姐们看,汪家有两个很漂亮的小姐。他很忙,早晨起来,就跑到南岗去,吃过饭,又要给他的小徒弟上国文课。一切完了,又要跑出去借钱。晚饭后,又是教武术,又是去教中学课本。

夜间,他睡觉醒也不醒转来,我感到非常孤独了!白昼使我对着一些家具默坐,我虽生着嘴,也不言语;我虽生着腿,也不能走动;我虽生着手,而也没有什么做,和一个废人一般,有多么寂寞!连视线都被墙壁截止住,连看一看窗前的麻雀也不能够,什么也不能够,玻璃生满厚的和绒毛一般的霜雪。这就是"家",没有阳光,没有暖,没有声,没有色,寂寞的家,穷的家,不生毛草荒凉的广场。

我站在小过道窗口等郎华,我的肚子很饿。铁门扇响了一下,我的神经便要震荡一下,铁门响了无数次,来来往往都是和我无关的人,汪林她很大的皮领子和她很响的高跟鞋相配称,她摇摇晃晃,满满足足,她的肚子想来很饱很饱,向我笑了笑,滑稽的样子用手指点我一下:"啊!又在等你的郎华……"她快走到门前的木阶,还说着,"他出去,你天天等他,真是怪好的一对!"

她的声音在冷空气里来得很脆,也许是少女们特有的喉咙。对于她,我立刻把她忘记,也许原来就没把她看见,没把她听见。假若我是个男人,怕是也只有这样。肚子响叫起来。

汪家厨房传出来炒酱的气味,隔得很远我也会嗅到,他家吃炸酱面吧!炒酱的铁勺子一响,都像说:炸酱面,炸酱面……

在过道站着,脚冻得很痛,鼻子流着鼻涕。我回到屋里,关好二层门,不知是想什么,默坐了好久。

汪林的二姐到冷屋去取食物,我去倒脏水遇见她,平日不很说话,很生疏,今天她却说:"没去看电影吗?这个片子不错,胡蝶主演。"她蓝色的大耳环永远吊荡着不能停止。

"没去看。"我的夹袍子冷透骨了!

"这个片子很好,煞尾是结了婚,看这片子的人都猜想,假若再演下去,那是怎么度着美满的……"

她热心地来到门缝边,在门缝我也看到她大长的耳环在摆动。

"进来玩玩吧!"

"不进去,要吃饭啦!"

郎华回来了,他的上唇挂霜了。汪二小姐走得很远时,她的耳环和她的话声仍震荡着:"和你度蜜月的人回来啦,他来了。"

好寂寞的,好荒凉的家呀!他从口袋取出烧饼来给我吃。他又走了,说有一家招请电影广告员,他要去试试。

"什么时候回来?什么时候回来?"我追赶到门外问他,好像很久捉不到的鸟儿,捉到又飞了!失望和寂寞,虽然吃着烧饼,也好像饿倒下来。

小姐们的耳环,对比着郎华的上唇挂着的霜,对门居着,他家的女儿看电影,戴耳环;我家呢?我家……

# 当　铺

"你去当吧！你去当吧，我不去！"

"好，我去，我就愿意进当铺，进当铺我一点也不怕,理直气壮。"

新做起来的我的棉袍，一次还没有穿，就跟着我进当铺去了！在当铺门口稍微徘徊了一下，想起出门时郎华要的价目——非两元不当。

包袱送到柜台上，我是仰着脸，伸着腰，用脚尖站起来送上去的，真不晓得当铺为什么摆起这么高的柜台！

那戴帽头的人翻着衣裳看，还不等他问，我就说了："两块钱。"

他一定觉得我太不合理，不然怎么连看我一眼也没看，就把东西卷起来，他把包袱仿佛要丢在我的头上，他十分不耐烦的样子。

"两块钱不行，那么，多少钱呢？"

"多少钱不要。"他摇摇像长西瓜形的脑袋，小帽头顶尖的红帽球，也跟着摇了摇。

我伸手去接包袱，我一点也不怕，我理直气壮，我明明知道他故意作难，正想把包袱接过来就走。猜得对对的，他并不把包袱真给我。

"五毛钱！这件衣服袖子太瘦，卖不出钱来……"

"不当。"我说。

"那么一块钱……再可不能多了,就是这个数目。"他把腰微微向后弯一点,柜台太高,看不出他突出的肚囊……一只大手指,就比在和他太阳穴一般高低的地方。

带着一元票子和一张当票,我快快地走,走起路来感到很爽快,默认自己是很有钱的人。菜市,米店我都去过,臂上抱了很多东西,感到非常愿意抱这些东西。手冻得很痛,觉得这是应该,对于手一点也不感到可惜,本来手就应该给我服务,好像冻掉了也不可惜。走在一家包子铺门前,又买了十个包子,看一看自己带着这些东西,很骄傲,心血时时激动,至于手冻得怎样痛,一点也不可惜。路旁遇见一个老叫化子,又停下来给他一个大铜板,我想我有饭吃。他也是应该吃啊!然而没有多给,只给一个大铜板,那些我自己还要用呢!又摸一摸当票也没有丢,这才重新走,手痛得什么心思也没有了,快到家吧!快到家吧。但是,背上流了汗,腿觉得很软,眼睛有些刺痛,走到大门口,才想起来从搬家还没有出过一次街,走路腿也无力,太阳光也怕起来。

又摸一摸当票,才走进院去。郎华仍躺在床上,和我出来的时候一样,他还不习惯于进当铺。他是在想什么,拿包子给他看,他跳起来了:"我都饿啦,等你也不回来。"

十个包子吃去一大半,他才细问:"当多少钱?当铺没欺负你?"

把当票给他,他瞧着那样少的数目:"才一元,太少。"

虽然说当得的钱少,可是又愿意吃包子,那么结果很满足。他在吃包子的嘴,看起来比包子还大,一个跟着一个,包子消失尽了。

# 借

"女子中学"的门前,那是三年前在里边读书的学校。和三年前一样,楼窗,窗前的树;短板墙,墙外的马路,每块石砖我踏过它。墙里墙外的每棵树,尚存着我温馨的记忆;附近的家屋,唤起我往日的情绪。

我忘不了这一切啊!管它是温馨的,是痛苦的,我忘不了这一切啊!我在那楼上,正是我有着青春的时候。现在已经黄昏了,是冬的黄昏。我踏上水门汀的阶石,轻轻地迈着步子。三年前,曾按过的门铃又按在我的手中。出来开门的那个校役,他还认识我。楼梯上下跑走的那一些同学,却咬着耳说:"这是找谁的?"

一切全不生疏,事务牌,信箱,电话室,就是挂衣架子,三年也没有搬动,仍是摆在传达室的门外。

我不能立刻上楼,这对于我是一种侮辱似的。旧同学虽有,怕是教室已经改换了;宿舍,我不知道在楼上还是在楼下。

"梁先生——国文梁先生在校吗?"我对校役说。

"在校,是在校的,正开教务会议。"

"什么时候开完?"

"那怕到七点钟吧!"

墙上的钟还不到五点,等也是无望,我走出校门来了!这一刻,我完全没有来时的感觉,什么街石,什么树,这对我发生什么关系？

"吟——在这里。"郎华在很远的路灯下打着招呼。

"回去吧！走吧！"我走到他身边,再不说别的。

顺着那条斜坡的直道,走得很远我才告诉他:"梁先生开教务会议,开到七点,我们等得了吗？"

"那么你能走吗？肚子还疼不疼？"

"不疼,不疼。"

圆月从东边一小片林梢透过来,暗红色的圆月,很大很混浊的样子,好像老人昏花的眼睛,垂到天边去。脚下的雪不住在滑着,响着,走了许多时候,一个行人没有遇见,来到火车站了！大时钟在暗红色的空中发着光,火车的汽笛震鸣着冰寒的空气,电车,汽车,马车,人力车,车站前忙着这一切。顺着电车道走,电车响着铃子从我们身边一辆一辆地过去。没有借到钱,电车就上不去。走吧,挨着走,肚痛我也不能说。走在桥上。大概是东行的火车,冒着烟从桥下经过,震得人会耳鸣起来,索链一般的爬向市街去。

从岗上望下来,最远处,商店的红绿电灯不住地闪烁；在夜里的人家,好像在烟里一般；若没有灯光从窗子流出来,那么所有的楼房就该变成幽寂的、没有钟声的大教堂了！站在岗上望下去,"许公路"的电灯,好像扯在太阳下的长串的黄色铜铃,越远,那些铜铃越增加着密度,渐渐数不过来了！

挨着走,昏昏茫茫地走,什么夜,什么市街,全是阴沟,我们滚在沟中。携着手吧！相牵着走吧！天气那样冷,道路那样滑,我时时要滑倒的样子,脚下不稳起来,不自主起来,在一家电影院门前,我终于跌倒了,坐在冰上,因为道上无处不是冰。膝盖的关节一定受了伤害,他虽拉着我,走起来也十分困难。

"肚子跌痛了没有？你实在不能走了吧？"

到家,把剩下来的一点米煮成稀饭,没有盐,没有油,没有菜,暖一暖肚子算了。

吃饭,肚子仍不能暖,饼干盒子盛了热水,盒子漏了。郎华又拿一个空玻璃瓶要盛热水给我暖肚子,瓶底炸掉下来,满地流着水,他拿起没有底的瓶子当号筒来吹。在那呜呜的响声里边,我躺到冰冷的床上。

# 买皮帽

"破烂市"上打起着阴棚,很大一块地盘全然被阴棚连络起来,不断地摆着摊子:鞋、袜、帽子、面巾,这都是应用的东西。摆出来最多的,是男人的裤子和衬衫。我打量了郎华一下,这裤子他应该买一条。我正想问价钱的时候,忽然又被那些大大小小的皮外套吸引住。仰起头,看那些挂得很高的、一排一排的外套,宽大的领子,黑色毛皮的领子,虽是马车夫穿的外套,郎华穿不也很好吗?又正想问价钱,郎华在那边叫我:"你来。这个帽子怎么样?"他拳头上顶着一个四个耳朵的帽子,正在转着弯看。

我一见那和猫头一样的帽子就笑了,我还没有走到他近边,我就说:"不行。"

"我小的时候,在家乡尽戴这个样帽子。"他赶快顶在头上试一试。立刻他就变成个小猫样,"这真暖和。"他又把左右的两个耳朵放下来,立刻我又看他像个小狗。总之,他戴起这样的帽子,不像个小猫,就像个小狗——因为小时候爷爷给我买过这样"叭狗帽",爷爷叫它"叭狗帽"。

"这帽子暖和得很!"他又顶在拳头上,转着弯,摇了两下。

脚在阴棚里冻得难忍,在小的行人道跑了几个弯子,许多"飞机帽",这个,那个,他都试过。黑色的比黄色的价钱便宜两角,他喜欢黄色的,同时又喜欢少花两角钱,于是走遍阴棚在寻找。

"你的……什么的要?"出摊子的人这样问着。同是中国人,却把中国人当作日本或是高丽人。

我们不能买他的东西,很快地跑了过去。

郎华戴上飞机帽了!两个大皮耳朵上面长两个小耳朵。

"快走啊,快走。"

绕过不少路,才走出阴棚。若不是他喊我,我真被那些衣裳和裤子恋住了,尤其是马车夫们穿的羊皮外套。

重见天日时,我慌忙着跟上郎华去!

"还剩多少钱?"

"五毛。"

走过菜市,从前吃饭那个小饭馆,我想提议进去吃包子,一想到五角钱,只好硬着心肠,背了自己的愿望走过饭馆。五角钱要吃三天,哪能进饭馆子?

街旁许多卖花生、瓜子的。

"有铜板吗?"我拉了他一下。

"没有,一个没有。"

"没有,就完事。"

"你要买什么?"

"不买什么!"

"要买什么,这不是有票子吗?"他停下来不走了。

"我想买点瓜子,没有铜板就不买。"

大概他想:爱人要买几个铜板瓜子的愿望都不能满足!于是慷慨地摸着他的衣袋。

这不是给爱人买瓜子的时候,吃饭比瓜子更要紧;饿比爱人更要紧。

风雪吹着,我们走回家来了,手疼,脚疼,我白白地跟着跑了一趟。

# 广告员的梦想

有一个朋友到一家电影院去画广告,月薪四十元。画广告留给我一个很深的印象,我一面烧早饭一面看报,又有某个电影院招请广告员被我看到,立刻我动心了:我也可以吧?从前在学校时不也学过画吗?但不知月薪多少。

郎华回来吃饭,我对他说,他很不愿意做这事。他说:"尽骗人。昨天别的报上登着一段招聘家庭教师的广告,我去接洽,其实去的人太多,招一个人,就要去十个,二十个……"

"去看看怕什么?不成,完事。"

"我不去。"

"你不去,我去。"

"你自己去?"

"我自己去!"

第二天早晨,我又留心那块广告,这回更能满足我的欲望。那广告又改登一次,月薪四十元,明明白白的是四十元。

"看一看去。不然,等着职业,职业会来吗?"我又向他说。

"要去,吃了饭就去,我还有别的事。"这次,他不很坚决了。

走在街上,遇到他一个朋友。

"到哪里去?"

"接洽广告员的事情。"

"就是'国际协报'登的吗？"

"是的。"

"四十元啊！"这四十元他也注意到。

十字街商店高悬的大表还不到十一点钟，十二点才开始接洽。

已经寻找得好疲乏了，已经不耐烦了，代替接洽的那个"商行"才寻到。指明的是石头道街，可是那个"商行"是在石头道街旁的一条顺街尾上，我们的眼睛缭乱起来。走进"商行"去，在一座很大的楼房二层楼上，刚看到一个长方形的亮铜牌钉在过道，还没看到究竟是什么个"商行"，就有人截住我们："什么事？"

"来接洽广告员的！"

"今天星期日，不办公。"

第二天再去的时候，还是有勇气的。是阴天，飞着清雪。那个"商行"的人说："请到电影院本家去接洽吧。我们这里不替他们接洽了。"

郎华走出来就埋怨我："这都是你主张，我说他们尽骗人，你不信！"

"怎么又怨我？"我也十分生气。

"不都是想当广告员吗？看你当吧！"

吵起来了。他觉得这是我的过错，我觉得他不应该同我生气。走路时，他在前面总比我快一些，他不愿意和我一起走的样子，好像我对事情没有眼光，使他讨厌的样子。冲突就这样越来越大，当时并不去怨恨那个"商行"，或是那个电影院，只是他生气我，我生气他，真正的目的却丢开了。两个人吵着架回来。

第三天，我再不去了。我再也不提那事，仍是在火炉板上烘着手。他自己出去，戴着他的飞机帽。

"南岗那个人的武术不教了。"晚上他告诉我。

我知道，就是那个人不学了。

第二天，他仍戴着他的飞机帽走了一天。到夜间，我也并没提起广告员的事。照样，第三天我也并没有提，我已经没有兴致想找那样的职业。可是他自动的，比我更留心，自己到那个电影院去过两次。

"我去过两次，第一回说经理不在，第二回说过几天再来吧。真他妈的！有什么劲，只为着四十元钱，就去给他们耍宝！画的什么广告？什么情火啦，艳史啦，甜蜜啦，真是无耻和肉麻！"

他发的议论，我是不回答的。他愤怒起来，好像有人非捉他去做广告员不可。

"你说，我们能干那样无聊的事？去他娘的吧！滚蛋吧！"他竟骂起来，跟着，他就骂起自己来，"真是浑蛋，不知耻的东西，自私的爬虫！"

直到睡觉时，他还没忘掉这件事，他还向我说：

"你说，我们不是自私的爬虫是什么？只怕自己饿死，去画广告。画得好一点，不怕肉麻，多招徕一些看情史的，使人们羡慕富丽，使人们一步一步地爬上去……就是这样，只怕自己饿死，毒害多少人不管，人是自私的东西，……若有人每月给二百元，不是什么都干了吗？我们就是不能够推动历史，也不能站在相反的方面努力败坏历史！"他讲的使我也感动了。并且声音不自知地越讲越大，他已经开始更细地分析自己……

"你要小点声啊，房东那屋常常有日本朋友来。"我说。

又是一天，我们在"中央大街"闲荡着。很瘦很高的老秦在他肩上拍了一下。冬天下午三四点钟时，已经快要黄昏了，阳光仅仅留在楼顶，渐渐微弱下来，街路完全在晚风中，就是行人道上，也有被吹起的霜雪扫着人们的腿。

冬天在行人道上遇见朋友，总是不把手套脱下来就握手的。

那人的手套大概很凉吧,我见郎华的赤手握了一下就抽回来。我低下头去,顺便看到老秦的大皮鞋上撒着红绿的小斑点。

# 新　识

太寂寞了,"北国"人人感到寂寞。一群人组织一个画会,大概是我提议的吧!又组织一个剧团,第一次参加讨论剧团事务的人有十几个,是借民众教育馆阅报室讨论的。其中有一个脸色很白,多少有一点像政客的人,下午就到他家去继续讨论。许久没有到过这样暖和的屋子,壁炉很热,阳光晒在我的头上;明亮而暖和的屋子使我感到热了!第二天是个假日,大家又到他家去。那是夜了,在窗子外边透过玻璃的白霜,晃晃荡荡的一些人在屋里闪动,同时阵阵起着高笑。我们打门的声音几乎没有人听到,后来把手放重一些,但是仍没有人听到,后来敲玻璃窗片,这回立刻从纱窗帘现出一个灰色的影子,那影子用手指在窗子上抹了一下,黑色的眼睛出现在小洞。于是声音同人一起来在过道了。

"郎华来了,郎华来了!"开了门,一面笑着一面握手。

虽然是新识,但非常熟识了！我们在客厅门外除了外套,差不多挂衣服的钩子都将挂满。

"我们来得晚了吧!"

"不算晚,不算晚,还有没到的呢!"

客厅的台灯也开起来,几个人围在灯下读剧本。还有一个从前的同学也在读剧本,她的背靠着炉壁,淡黄色有一点闪光的炉壁衬在背后,她黑的作着曲卷的头发,就要散到肩上去。她演剧一般地在读剧本。她波状的头发和充分作着圆形的肩,停在淡黄色的壁炉前,是一幅完成的少妇美丽的剪影。

她一看到我就不读剧本了!我们两个靠着墙,无秩序地谈了些话。研究着壁上嵌在大框子里的油画。我受冻的脚遇到了热,在鞋里面作痒。这是我自己的事,努力忍着好了!

客厅中那么多人都是生人。大家一起喝茶,吃瓜子。这家的主人来来往往地走,他很像一个主人的样子,他讲话的姿势很温和、面孔带着敬意,并且他时时整理他的上衣,挺一挺胸,直一直胳臂,他的领结不知整理过多少次,这一切表示个主人的样子。

客厅每一个角落有一张门,可以通到三个另外的小屋去,其余的一张门是通过道的。就从一个门中走出一个穿皮外套的女人,转了一个弯,她走出客厅去了。我正在台灯下读着一个剧本时,听到郎华和什么人静悄悄在讲话。看去是一个胖军官的人和郎华对面立着。他们走到客厅中央圆桌的地方坐下来。他们的谈话我听不懂,什么"炮二队""第九期,第八期",又是什么人,我从未听见过的名字郎华说出来,那人也说,总之很稀奇;不但我感到稀奇,为着这样生疏的术语,所有客厅中的人都静肃了一下。

从右角的门扇走出一个小女人来,虽然穿的高跟鞋,但她像个小"蒙古"。胖人站起来说:"这是我的女人!"

郎华也把我叫过去,照样也说给他们。这样一来,我就可以坐在旁边细听他们的讲话了!

走在回家的路上,郎华告诉我:"那个是我的同学啊!"

电车不住地响着铃子,冒着绿火。半面月亮升起在西天,街角卖豆浆的灯火好像个小萤火虫,卖浆人守着他渐渐冷却的浆锅,默默打转。夜深了!夜深了。

# "牵牛房"

还不到三天,剧团就完结了!很高的一堆剧本剩在桌子上面。感到这屋子广大了一些,冷了一些。

"他们也来过,我对他们说这个地方常常有一大群人出来进去是不行啊!日本子这几天在道外捕去很多工人。像我们这剧团……不管我们是剧团还是什么,日本子知道那就不好办……"

结果是什么意思呢?就说剧团是完了!我们站起来要走,觉得剧团都完了,再没有什么停留的必要,很伤心似的。后来郎华的胖友人出去买瓜子,我们才坐下来吃着瓜子。

厨房有家具响,大概这是吃夜饭的时候。我们站起来快快地走了。他们说:"也来吃饭吧!不要走,不要客气。"

我们说:"不客气,不客气。"其实,才是客气呢!胖朋友的女人,就是那个我所说的小"蒙古",她几乎来拉我。

"吃过了,吃过了!"欺骗着自己的肚子跑出来,感到非常空虚,剧团也没有了,走路也无力了。

"真没意思,跑了这些次,我头疼了咧!"

"你快点走,走得这样慢!"郎华说。

使我不耐烦的倒不十分是剧团的事情,因为是饿了!我一定知道家里一点什么吃的东西也没有。

因为没有去处,以后常到那地方去闲坐。第四次到他家去闲坐,正是新年的前夜,主人约我们到他家过年。其余新识的那一群也都欢迎我们在一起玩玩。有的说:"'牵牛房'又牵来两条牛!"

有人无理由地大笑起来,"牵牛房"是什么意思,我不能解释。

"夏天窗前满种着牵牛花,种得太多啦!爬满了窗门,因为这个叫'牵牛房'!"主人大声笑着给我们讲了一遍。

"那么把人为什么称作牛呢?"还太生疏,我没有说这话。

不管怎样玩,怎样闹,总是各人有各人的立场。女仆出去买松子,拿着三角钱,这钱好像是我的一样,非常觉得可惜,我急得要战栗了!就像那女仆把钱去丢掉一样。

"多余呀!多余呀!吃松子做什么!不要吃吧!不要吃那样没用的东西吧!"这话我都没有说,我知道说这话还不是地方。等一会虽然我也吃着,但我一定不同别人那样感到趣味;别人是吃着玩,我是吃着充饥!所以一个跟着一个咽下它,毫没有留在舌头上尝一尝滋味的时间。回到家来才把这可笑的话告诉郎华。他也说他不觉得吃了很多松子,他也说他像吃饭一样吃松子。

起先我很奇怪,两人的感觉怎么这样相同呢?其实一点也不奇怪,因为饿才把两个人的感觉弄得一致的。

# 十元钞票

在绿色的灯下，人们跳着舞，狂欢着，有的抱着椅子跳。胖朋友他也丢开风琴，从角落扭转出来，他扭到混杂的一堆人去，但并不消失在人中。因为他胖，同时也因为他跳舞做着怪样，他十分不协调的在跳，两腿扭颤得发着疯。他故意妨碍别人，最终他把别人都弄散开去，地板中央只留下一个流汗的胖子。人们怎样大笑，他不管。

"老牛跳得好！"人们向他招呼。

他不听这些，他不是跳舞，他是乱跳瞎跳，他完全胡闹，他蠢得和猪、和蟹子那般。

红灯开起来，扭扭转转的那一些绿色的人变红起来。红灯带来另一种趣味，红灯带给人们更热心的胡闹。瘦高的老桐扮了一个女相，和胖朋友跳舞。女人们笑得流泪了！直不起腰了！但是胖朋友仍是一拐一拐。他的"女舞伴"在他的手臂中也是谐和地把头一扭一扭，扭得太丑，太愚蠢，几乎要把头扭掉，要把腰扭断，但是他还扭，好像很不要脸似的，一点也不知羞似的，那满脸的红胭脂呵！那满脸丑恶得到妙处的笑容！

第二次老桐又跑去化装，出来时，头上包一张红布，脖子后拖着很硬的但有点颤动棍状的东西，那是用红布扎起来的、扫帚把柄的样子，生在他的脑后。又是跳舞，每跳一下，脑后的小尾巴就随着颤动一下。

跳舞结束了,人们开始吃苹果,吃糖,吃茶。就是吃也没有个吃的样子!有人说:"我能整吞一个苹果。"

"你不能,你若能整吞个苹果,我就能整吞一个活猪。"另一个说。

自然,苹果也没有吞,猪也没有吞。

外面对门那家锁着的大狗,锁链子在响动。腊月开始严寒起来,狗冻得小声吼叫着。

带颜色的灯闭起来,因为没有颜色的刺激,人们暂时安定了一刻。因为过于兴奋的缘故,我感到疲乏,也许人人感到疲乏,大家都安定下来,都像恢复了人的本性。

小"电驴子"从马路笃笃地跑过,又是日本宪兵在巡逻吧!可是没有人害怕,人们对于日本宪兵的印象还浅。

"玩呀!乐呀!"第一个站起的人说。

"不乐白不乐,今朝有酒今朝醉……"大个子老桐也说。

胖朋友的女人拿一封信,送到我的手里:"这信你到家去看好啦!"

郎华来到我的身边。也不知道这是什么意思,我就把信放到衣袋中。

只要一走出屋门,寒风立刻刮到人们的脸,外衣的领子竖起来,显然郎华的夹外套是感到冷,但是他说:"不冷。"

一同出来的人,都讲着过旧年时比这更有趣味,那一些趣味早从我们跳开去。我想我有点饿,回家可吃什么?于是别的人再讲什么,我听不到了!郎华也冷了吧,他拉着我走向前面,越走越快了,使我们和那些人远远地分开。

在蜡烛旁忍着脚痛看那封信,信里边十元钞票露出来。

夜是如此静了,小狗在房后吼叫。

第二天，一些朋友来约我们到"牵牛房"去吃夜饭。果然吃得很好，这样的饱餐，非常觉得不多得。有鱼，有肉，有很好滋味的汤。又是玩到半夜才回来。这次我走路时很起劲，饿了也不怕，在家有十元票子在等我。我特别充实地迈着大步，寒风不能打击我。"新城大街""中央大街"，行人很稀少了！人走在行人道，好像没有挂掌的马走在冰面，很小心的，然而时时要跌倒。店铺的铁门关得紧紧，里面无光了，街灯和警察还存在，警察和垃圾箱似的失去了威权，他背上的枪提醒着他的职务，若不然他会依着电线柱睡着的。再走就快到"商市街"了！然而今夜我还没有走够，"马迭尔"旅馆门前的大时钟孤独地挂着。向北望去，松花江就是这条街的尽头。

我的勇气一直到"商市街"口还没消灭，脑中，心中，脊背上，腿上，似乎各处有一张十元票子，我被十元票子鼓励得浮浅得可笑了。

是叫化子吧！起着哼声，在街的那面移动。我想他没有十元票子吧！

铁门用钥匙打开，我们走进院去，但，我仍听得到叫化子的哼声……

# 几个欢快的日子

人们跳着舞,"牵牛房"那一些人们每夜跳着舞。过旧年那夜,他们就在茶桌上摆起大红蜡烛,他们摹仿着供财神,拜祖宗。灵秋穿起紫红绸袍,黄马褂,腰中配着黄腰带,他第一个跪到神桌前。老桐又是他那一套,穿起灵秋太太瘦小的旗袍,长短到膝盖以上,大红的脸,脑后又是用红布包起笤帚把柄样的东西,他跑到灵秋旁边,他们俩是一致的,每磕一下头,口里就自己喊一声口号:一,二,三……不倒翁样不能自主地倒下又起来。后来就在地板上烘起火来,说是过年都是烧纸的……这套把戏玩得熟了,惯了!不是过年,也每天来这一套,人们看得厌了!对于这事冷淡下来,没有人去大笑,于是又变一套把戏:捉迷藏。

客厅是个捉迷藏的地盘,四下窜走,桌子底下蹲着人,椅子倒过来叩在头上顶着跑,电灯泡碎了一个。蒙住眼睛的人受着大家的玩戏,在那昏庸的头上摸一下,在那分张的两手上打一下。有各种各样的叫声,蛤蟆叫,狗叫,猪叫,还有人在装哭。要想捉住一个很不容易,从客厅的四个门,会跑到那些小屋去。有时瞎子就摸到小屋去,从门后扯出一个来。也有时误捉了灵秋的小孩。虽然说不准向小屋跑,但总是跑。后一次瞎子摸到王女士的门扇。

"那门不好进去。"有人要告诉他。

"看着,看着不要吵嚷!"又有人说。

全屋静下来,人们觉得有什么奇迹要发生。瞎子的手接触到门扇,他触到门上的铜环响,眼看他就要进去把王女士捉出来,每人心里都想着这个:看他怎样捉啊!

"谁呀!谁?请进来!"跟着很脆的声音开门来迎接客人了!以为她的朋友来访她。

小浪一般冲过去的笑声,使摸门的人脸上的罩布脱掉了,红了脸。王女士笑着关了门。

玩得厌了!大家就坐下喝茶,不知从什么瞎话上又拉到正经问题上去。于是"做人"这个问题使大家都兴奋起来。

——怎样是"人",怎样不是"人"?

"没有感情的人不是人。"

"没有勇气的人不是人。"

"冷血动物不是人。"

"残忍的人不是人。"

"有人性的人才是人。"

"……"

每个人都会规定怎样做人。有的人他要说出两种不同做人的标准。起首是坐着说,后来站起来说,有的也要跳起来说。

"人是情感的动物,没有情感就不能生出同情,没有同情那就是自私,为己……结果是互相杀害,那就不是人。"那人的眼睛睁得很圆,表示他的理由充足,表示他把人的定义下得准确。

"你说的不对,什么同情不同情,就没有同情,中国人就是冷血动物,中国人就不是人。"第一个又站起来,这个人他不常说话,偶然说一句使人很注意。

说完了,他自己先红了脸,他是山东人,老桐学着他的山东调:"老猛(孟),你使(是)人不使(是)人?"

许多人爱和老孟开玩笑,因为他老实,人们说他像个大姑娘。

"浪漫诗人",是老桐的绰号。他好喝酒,让他作诗不用笔就能一套连着一套,连想也不用想一下。他看到什么就给什么作个诗,朋友来了他也作诗:"梆梆梆敲门响,呀!何人来了?"

总之,就是猫和狗打架,你若问他,他也有诗,他不喜欢谈论什么人啦!社会啦!他躲开正在为了"人"而吵叫的茶桌,摸到一本唐诗在读:"昨日之……日不可留……今日之日……多……烦……忧。"读得有腔有调,他用意就在打搅吵叫的一群。

郎华正在高叫着:"不剥削人,不被人剥削的就是人。"

老桐读诗也感到无味。

"走!走啊!我们喝酒去。"

他看一看只有灵秋同意他,所以他又说:"走,走,喝酒去。我请客……"

客请完了!差不多都是醉着回来。郎华反反复复地唱着半段歌,是维特别离绿蒂的故事①。人人喜欢听,也学着唱。

听到哭声了!正像绿蒂一般年轻的姑娘被歌声引动着,哪能不哭?是谁哭?就是王女士。单身的男人在客厅中也被感动了,倒不是被歌声感动,而是被少女的明脆而好听的哭声所感动,在地心不住地打着转。尤其是老桐,他贪婪的耳朵几乎竖起来,脖子一定更长了点,他到门边去听,……他故意说:"哭什么?真没意思!"

其实老桐感到很有意思,所以他听了又听,说了又说:"没意思。"

不到几天,老桐和那女士恋爱了!那女士也和大家熟识了!

---

① 维特、绿蒂:歌德《少年维特之烦恼》中的一对恋人。

也到客厅来和大家一道跳舞。从那时起,老桐的胡闹也是高等的胡闹了!

在王女士面前,他耻于再把红布包在头上,当灵秋叫他去跳滑稽舞的时候,他说:"我不跳啦!"一点兴致也不表示。

等王女士从箱子里把粉红色的面纱取出来:"谁来当小姑娘,我给他化装。"

"我来,我……我来……"老桐他怎能像个小姑娘?他像个长颈鹿似的跑过去。

他自己觉得很好的样子,虽然是胡闹;也总算是高等的胡闹。头上顶着面纱,规规矩矩地、平平静静地在地板上动着步。但给人的感觉无异于他脑后的颤动着红扫帚柄的感觉。

别的单身汉,就开始羡慕幸福的老桐。可是老桐的幸福还没十分摸到,那女士已经和别人恋爱了!

所以"浪漫诗人"就开始作诗。正是这时候他失一次盗:丢掉他的毛毯,所以他就作诗"哭毛毯"。哭毛毯的诗作得很多,过几天来一套,过几天又来一套。朋友们看到他就问:"你的毛毯哭得怎样了?"

# 女教师

一个初中学生，拿着书本来到家里上课，郎华一大声开讲，我就躲到厨房里去。第二天，那个学生又来，就没拿书，他说他父亲不许他读白话文，打算让他做商人，说白话文没有用；读古文他父亲供给学费，读白话文他父亲就不管。

最后，他从口袋摸出一张一元票子给郎华。

"很对不起先生，我读一天书，就给一元钱吧！"那学生很难过的样子，他说他不愿意学买卖。手拿着钱，他要哭似的。

郎华和我同时觉得很不好过，临走时，强迫把他的钱给他装进衣袋。

郎华的两个读中学课本的学生也不读了！

他实在不善于这行业。到现在我们的生命线又断尽。胖朋友刚搬过家，我就拿了一张郎华写的条子到他家去。回来时我是带着米、面、木柈，还有几角钱。

我眼睛不住地盯住那马车，怕那车夫拉了木柈跑掉。所以我手下提着用纸盒盛着的米，因为我在快走而震摇着；又怕小面袋从车上翻下来，赶忙跑到车前去弄一弄。

听见马的铃铛响，郎华才出来！这一些东西很使他欢乐，亲切地把小面袋先拿进屋去。他穿着很单的衣裳，就在窗前摆堆着木柈。

"进来暖一暖再出去……冻着!"可是招呼不住他,始终摆完才进来。

"天真够冷。"他用手扯住很红的耳朵。

他又呵着气跑出去,他想把火炉点着,这是他第一次点火。

"桦子真不少,够烧五六天啦!米面也够吃五六天,又不怕啦!"

他弄着火,我就洗米烧饭。他又说了一些看见米面时特别高兴的话,我简直没理他。

米面就这样早饭晚饭的又快不见了,这就到我做女教师的时候了!

我也把桌子上铺了一块报纸,开讲的时候也是很大的声。郎华一看,我就要笑。他也是常常躲到厨房去。我的女学生,她读小学课本,什么猪啦!羊啦,狗啦!这一类字都不用我教她,她抢着自己念:"我认识,我认识!"

不管在什么地方碰到她认识的字,她就先一个一个念出来,不让她念也不行,因为她比我的岁数还大,我总有点不好意思。

她先给我拿五元钱,并说:"过几天我再交那五元。"

四五天她没有来,以为她不会再来了。那天,我正在烧晚饭,她跑来。她说她这几天生病。我看她不像生病,那么她又来做什么呢?过了好久,她站在我的身边:"先生,我有点事求求你!"

"什么事?说吧……"我把葱花加到油里去炸。

她的纸单在手心握得很热,交给我;这是药方吗?信吗?都不是。

借着炉台上那个流着油的小蜡烛看,看不清,怕是再点两支蜡烛我也看不清,因为我不认识那样的字。

"这是易经上的字!"郎华看了好些时才说。

"我批了个八字,找了好些人也看不懂,我想先生是很有学问的人,我拿来给先生看看。"

这次她走去,再也没有来,大概她觉得这样的先生教不了她,连个"八字"都说不出所以然来!

# 春意挂上了树梢

三月花还没有开，人们嗅不到花香，只是马路上融化了积雪的泥泞干起来。天空打起朦胧的多有春意的云彩；暖风和轻纱一般浮动在街道上、院子里。春末了，关外的人们才知道春来。春是来了，街头的白杨树蹿着芽，拖马车的马冒着气，马车夫们的大毡靴也不见了，行人道上外国女人的脚又从长筒套鞋里显现出来。笑声，见面打招呼声，又复活在行人道上。商店为着快快地传播春天的感觉，橱窗里的花已经开了，草也绿了，那是布置着公园的夏景。我看得很凝神的时候，有人撞了我一下，是汪林，她也戴着那样小沿的帽子。

"天真暖啦！走路都有点热。"

看着她转过"商市街"，我们才来到另一家店铺，并不是买什么，只是看看，同时晒晒太阳。这样好的行人道，有树，也有椅子，坐在椅子上，把眼睛闭起，一切春的梦，春的谜，春的暖力……这一切把自己完全陷进去。

听着，听着吧！春在歌唱……

"大爷，大奶奶……帮帮吧！……"这是什么歌呢，从背后来的？这不是春天的歌吧！

那个叫化子嘴里吃着个烂梨，一条腿和一只脚肿得把另一只显得好像不存在似的。

"我的腿冻坏啦！大爷，帮帮吧！唉唉……"

有谁还记得冬天？阳光这样暖了！街树蹿着芽！

手风琴在隔道唱起来，这也不是春天的调子，只要一看那个瞎人为着拉琴而扭歪的头，就觉得很残忍。瞎人他摸不到春天，他没有眼睛。坏了腿的人，他走不到春天，他有腿也等于无腿。世界上这一些不幸的人，存在着也等于不存在，倒不如赶早把他们消灭掉，免得在春天他们会唱这样难听的歌。

汪林在院心吸着一支烟卷，她又换一套衣裳。那是淡绿色的，和树枝发出的芽一样的颜色。她腋下夹着一封信，看见我们，赶忙把信送进衣袋去。

"大概又是情书吧！"郎华随便说着玩笑话。

她跑进屋去了。香烟的烟缕在门外打了一下旋卷才消灭。

夜，春夜，中央大街充满了音乐的夜。流浪人的音乐，日本舞场的音乐，外国饭店的音乐……

七点钟以后。中央大街的中段，在一条横口，那个很响的扩音机哇哇地叫起来，这歌声差不多响彻全街。若站在商店的玻璃窗前，会疑心是从玻璃发着震响。一条完全在风雪里寂寞的大街，今天第一次又号叫起来。

外国人！绅士样的，流氓样的，老婆子，少女们，跑了满街……有的连起人排来封闭住商店的窗子，但这只限于年轻人。也有的同唱机一样唱起来，但这也只限于年轻人。这好像特有的年轻人的集会。他们和姑娘们一道说笑，和姑娘们连起排来走。中国人来混在这些卷发人中间，少得只有七分之一，或八分之一。但是汪林在其中，我们又遇到她。她和另一个也和她同样打扮漂亮的、白脸的女人同走……卷发的人用俄国话说她漂亮。她也用俄国话和他们笑了一阵。

中央大街的南端，人渐渐稀疏了。

163

墙根,转角,都发现着哀哭,老头子,孩子,母亲们……哀哭着的是永久被人间遗弃的人们!

那边,还望得见那边快乐的人群,还听得见那边快乐的声音。

三月,花还没有开,人们嗅不到花香。

夜的街,树枝上嫩绿的芽子看不见,是冬天吧?是秋天吧?但快乐的人们,不问四季总是快乐;哀哭的人们,不问四季也总是哀哭!

# 小偷、车夫和老头

木桦车在石路上发着隆隆的重响。出了木桦场,这满车的木桦使老马拉得吃力了!但不能满足我。大木桦堆对于这一车木桦,真像在牛背上拔了一根毛,我好像嫌这样子太少。

"丢了两块木桦哩!小偷来抢的,没看见?要好好看着,小偷常偷桦子……十块八块也能丢。"

我被车夫提醒了!觉得一块木桦也不该丢,木桦对我才恢复了它的重要性。小偷眼睛发着光又来抢时,车夫在招呼我们:"来了啊!又来啦!"

郎华招呼一声,那竖着头发的人跑了!

"这些东西顶没有脸,拉两块就得了吧!贪多不厌,把这一车都送给你好不好?……"打着鞭子的车夫,反复地在说那个小偷的坏话,说他贪多不厌。

在院心把木桦一块块推下车来,那还没有推完,车夫就不再动手了!把车钱给了他,他才说:"先生,这两块给我吧!拉家去好烘烘火,孩子小,屋子又冷。"

"好吧!你拉走吧!"我看一看那是五块顶大的他留在车上。

这时候他又弯下腰去,弄一些碎的,把一些木皮扬上车去,而后拉起马来走了。但他对他自己并没说贪多不厌,别的坏话也没说,跑出大门道走了。

只要有木桦车进院,铁门栏外就有人向院里看着问:"桦子拉(锯)不拉?"

那些人带着锯,有两个老头也扒着门扇。

这些桦子就讲妥归两个老头来锯,老头有了工作在眼前,才对那个伙伴说:"吃点么?"

我去买给他们面包吃。

桦子拉完又送到桦子房去。整个下午我不能安定下来,好像我从未见过木桦,木桦给我这样的大欢喜,使我坐也坐不定,一会跑出去看看。最后老头子把院子也扫得干干净净的了!这时候,我给他工钱。

我先用碎木皮来烘着火。夜晚在三月里也是冷一点,玻璃窗上挂着蒸气。没有点灯,炉火颗颗星星地发着爆炸,炉门打开着,火光照红我的脸,我感到例外的安宁。

我又到窗外去拾木皮。我吃惊了!老头子的斧子和锯都背好在肩上,另一个背着架桦子的木架,可是他们还没有走。这许多的时候,为什么不走呢?

"太太,多给了钱吧?"

"怎么多给的!不多,七角五分不是吗?"

"太太,吃面包钱没有扣去!"那几角工钱,老头子并没放入衣袋,仍呈在他的手上,他借着离得很远的门灯在考察钱数。

我说:"吃面包不要钱,拿着走吧!"

"谢谢,太太。"感恩似的,他们转过身走去了,觉得吃面包是我的恩情。

我愧得立刻心上烧起来,望着那两个背影停了好久,羞恨的眼泪就要流出来。已经是祖父的年纪了,吃块面包还要感恩吗?

# 公　园

树叶摇摇曳曳地挂满了池边。一个半胖的人走在桥上,他是一个报社的编辑。

"你们来多久啦?"他一看到我们两个在长石凳上就说,"多幸福,像你们多幸福,两个人逛逛公园……"

"坐在这里吧。"郎华招呼他。

我很快地让一个位置。但他没有坐,他的鞋底无意地踢撞着石子,身边的树叶让他扯掉两片。他更烦恼了,比前些日子看见他更有点两样。

"你忙吗?稿子多不多?"

"忙什么!一天到晚就是那一点事,发下稿去就完,连大样子也不看。忙什么,忙着幻想!"

"幻想什么?……这几天有信吗?"郎华问他。

"什么信!那……一点意思也没有,恋爱对于胆小的人是一种刑罚。"

让他坐下,他故意不坐下;没有人让他,他自己会坐下。于是他又用手拔着脚下的短草。他满脸似乎蒙着灰色。

"要恋爱,那就大大方方地恋爱,何必受罪?"郎华摇一下头。

一个小信封,小得有些神秘意味的,从他的口袋里拔出来,拔着蝴蝶或是什么会飞的虫儿一样,他要把那信给郎华看,结果只是他自己把头歪了歪,那信又放进了衣袋。

"爱情是苦的呢,是甜的?我还没有爱她,对不对?家里来信说我母亲死了那天,我失眠了一夜,可是第二天就恢复了。为什么她……她使我不安会整天,整夜?才通信两个礼拜,我觉得我的头发也脱落了不少,嘴上的小胡也增多了。"

当我们站起要离开公园时,又来一个熟人:"我烦忧啊!我烦忧啊!"像唱着一般说。

我和郎华踏上木桥了,回头望时,那小树丛中的人影也像对那个新来的人说:"我烦忧啊!我烦忧啊!"

我每天早晨看报,先看文艺栏。这一天,有编者的说话:摩登女子的口红,我看正相同于"血"。资产阶级的小姐们怎样活着的?不是吃血活着吗?不能否认,那是个鲜明的标记。人涂着人的"血"在嘴上,那是污浊的嘴,嘴上带着血腥和血色,那是污浊的标记。

我心中很佩服他,因为他来得很干脆。我一面读报,一面走到院子里去,晒一晒清晨的太阳。汪林也在读报。

"汪林,起得很早!"

"你看,这一段,什么小姐不小姐,'血'不'血'的!这骂人的是谁?"

那天郎华把他做编辑的朋友领到家里来,是带着酒和菜回来的。郎华说他朋友的女友到别处去进大学了。于是喝酒,我是帮闲喝,郎华是劝朋友。至于被劝的那个朋友呢,他嘴里哼着京调,哼得很难听。

和我们的窗子相对的是汪林的窗子。

里面胡琴响了。

那是汪林拉的胡琴。

天气开始热了,趁着太阳还没走到正空,汪林在窗下长凳上洗衣服。

编辑朋友来了,郎华不在家,他就在院心里来回走转,可是郎华还没有回来。

"自己洗衣服,很热吧!"

"自己洗得干净。"汪林手里拿着肥皂答他。

郎华还不回来,他走了。

# 夏　夜

汪林在院心坐了很长的时间了。小狗在她的脚下打着滚睡了。

"你怎么样？我胳臂疼。"

"你要小点声说，我妈会听见。"

我抬头看，她的母亲在纱窗里边，于是我们转了话题。在江上摇船到"太阳岛"去洗澡这些事，她是背着她的母亲的。

第二天，她又是去洗澡。我们三个人租一条小船，在江上荡着。清凉的，水的气味。郎华和我都唱起来了。汪林的嗓子比我们更高。小船浮得飞起来一般。

夜晚又是在院心乘凉，我的胳臂为着摇船而痛了，头也觉得发胀。我不能再听那一些话感到趣味。什么恋爱啦，谁的未婚夫怎样啦，某某同学结婚，跳舞……我什么也不听了，只是想睡。

"你们谈吧。我可非睡觉不可。"我向她和郎华告辞。

睡在我脚下的小狗，我误踏了它，小狗还在哽哽地叫着，我就关了门。

最热的几天，差不多天天去洗澡，所以夜夜我早早睡。郎华和汪林就留在暗夜的院子里。只要接近着床，我什么全忘了。汪林那红色的嘴，那少女的烦闷……夜夜我不知道郎华什么时候回屋来睡觉。就这样，我不知过了几天了。

"她对我要好,真是……少女们。"

"谁呢?"

"那你还不知道!"

"我还不知道。"我其实知道。

很穷的家庭教师,那样好看的有钱的女人竟向他要好了。

"我坦白地对她说了:我们不能够相爱的,一方面有吟,一方面我们彼此相差得太远……你沉静点吧……"他告诉我。

又要到江上去摇船。那天又多了三个人。汪林也在内。一共是六个人:陈成和他的女人,郎华和我,汪林,还有那个编辑朋友。

停在江边的那一些小船动荡得落叶似的。我们四个跳上了一条船,当然把汪林和半胖的人丢下。他们两个就站在石堤上。本来是很生疏的,因为都是一对一对的,所以我们故意要看他们两个也配成一对。我们的船离岸很远了。

"你们坏呀!你们坏呀!"汪林仍叫着。

为什么骂我们坏呢?那人不是她一个很好的小水手吗?为她荡着桨,有什么不愿意吗?也许汪林和我的感情最好,也许她最愿意和我同船。船荡得那么远了,一切江岸上的声音都隔绝,江沿上的人影也消失了轮廓。

水声,浪声,郎华和陈成混合着江声在唱。远远近近的那一些女人的阳伞,这一些船,这一些幸福的船呀!满江上是幸福的船,满江上是幸福了!人间,岸上,没有罪恶了吧!

再也听不到汪林的喊。他们的船是脱开离我们很远了。

郎华故意把桨打起的水星落到我的脸上。船越行越慢,但郎华和陈成流起汗来。桨板打到江心的沙滩了,小船就要搁浅在沙滩上。这两个勇敢的大鱼似的跳下水去,在大江上挽着船行。

一入了湾,把船任意停在什么地方都可以。

我浮水是这样浮的:把头昂在水外,我也移动着,看起来在浮,其实手却抓着江底的泥沙,鳄鱼一样,四条腿一起爬着浮。

那只船到来时,听着汪林在叫。很快她脱了衣裳,也和我一样抓着江底在爬,但她是快乐的,爬得很有意思。

在沙滩上滚着的时候,居然很熟识了,她把伞打起来,给她同船的人遮着太阳,她保护着他。陈成扬着沙子飞向他去:"陵,着镖吧!"

汪林和陵站了一队,用沙子反攻。

我们的船出了湾,已行在江上时,他们两个仍在沙滩上走着。

"你们先走吧,看我们谁先上岸。"汪林说。

太阳的热力在江面上开始减低,船是顺水行下去的。他们还没有来,看过多少只船,看过多少柄阳伞,然而没有汪林的阳伞。太阳西沉时,江风很大了,浪也很高,我们有点担心那只船。李说那只船是"迷船"。

四个人在岸上就等着这"迷船",意想不到的是他们绕着弯子从上游来的。

汪林不骂我们是坏人了,风吹着她的头发,那兴奋的样子,这次摇船好像她比我们得到的快乐更大,更多……

早晨在看报时,编辑居然作诗了。大概就是这样的意思:愿意风把船吹翻,愿意和美人一起沉下江去……

让我这样一说,就没有诗意了。总之,可不是前几天那样的话,什么摩登女子吃"血"活着啦,小姐们的嘴是吃"血"的嘴啦……总之可不是那一套。这套比那套文雅得多,这套说摩登女子是天仙,那套说摩登女子是恶魔。

汪林和郎华在夜间也不那么谈话了。陵编辑一来,她就到我们屋里来,因此陵到我们家来的次数多多了。

"今天早点走……多玩一会,你们在街角等我。"这样的话,汪林再不向我们说了。她用不到约我们去"太阳岛"了。

陵伴着这吃人血的女子在街上走,在电影院里会,他也不怕她会吃他的血,还说什么怕呢,常常在那红色的嘴上接吻,正因为她的嘴和血一样红才可爱。

骂小姐们是恶魔是羡慕的意思,是伸手去攫取怕她逃避的意思。

在街上,汪林的高跟鞋,陵的亮皮鞋,格登格登和谐地响着。

# 家庭教师是强盗

有个人影在窗子上闪了一下,接着敲了两下窗子,那是汪林的父亲。

什么事情?郎华去了好大时间没回来,半个钟头还没回来!

我拉开门,午觉还没睡醒的样子,一面揉着眼睛一面走出门去。汪林的二姐,面孔白得那样怕人,坐在门前的木台上,林禽(狗名)在院心乱跑,使那坐在木台的白面孔十分生气,她大声想叫住它。汪林也出来了!嘴上的纸烟冒着烟,但没有和我打招呼,也坐在木台上。使女小菊在院心走路也很规矩的样子。

我站在她家客厅窗下,听着郎华在里面不住地说话,看不到人。白纱窗帘罩得很周密,我站在那里不动。……日本人吧!有什么事要发生吧!可是里面没有日本人说话,我并不去问那很不好看的脸色的她们。

为着印册子而来的恐怖吧?没经过检查的小说册被日本人晓得了吧?

"接到一封黑信,说他老师要绑汪玉祥的票。"

我点了点头。再到窗下去听时,里面的声音更听不清了。

"三小姐,开饭啦!"小菊叫她们吃饭。那孩子很留心看我一遍。

过了三四天,汪玉祥被姐姐们看管着不敢到大门口去。

家庭教师真有点像个强盗,谁能保准不是强盗?领子不打领结,没有更多的,只是一件外套,冬天,秋天,春天都穿夹外套。

不知有半月或更多的日子,汪玉祥连我们窗下都不敢来,他家的大人一定告诉他:"你老师是个不详细的人……"

# 册　子

永远不安定下来的洋烛的火光,使眼睛痛了。抄写,抄写……

"几千字了?"

"才三千多。"

"不手疼吗?休息休息吧,别弄坏了眼睛。"郎华打着哈欠到床边,两只手相交着依在头后,背脊靠着铁床的钢骨。我还没停下来,笔尖在纸上作出响声……

纱窗外阵阵起着狗叫,很响的皮鞋,人们的脚步从大门道来近。不自禁的恐怖落在我的心上。

"谁来了,你出去看看。"

郎华开了门,李和陈成进来。他们是剧团的同志,带来的一定是剧本。我没接过来看,让他们随便坐在床边。

"吟真忙,又在写什么?"

"没有写,抄一点什么。"我又拿起笔来抄。

他们的谈话,我一句半句地听到一点,我的神经开始不能统一,时时写出错字来,或是丢掉字,或是写重字。

蚊虫啄着我的脚面,后来在灯下也嗡嗡叫,我才放下不写。

呵呀呀,蚊虫满屋了!门扇仍大开着。一个小狗崽溜走进来,又卷着尾巴跑出去。关起门来,蚊虫仍是飞……我用手搔着作痒的耳边,搔着腿和脚……手指的骨节搔得肿胀起来,这些中了蚊毒的地方，使我已经发酸的手腕不得不停下。我的嘴唇肿得很高，眼边也感到发热和紧胀。这里搔搔，那里搔搔，我的手感到不够用了。

"册子怎么样啦？"李的烟卷在嘴上冒烟。

"只剩这一篇。"郎华回答。

"封面是什么样子？"

"就是等着封面呢……"

第二天，我也跟着跑到印刷局去。使我特别高兴，折得很整齐的一帖一帖的都是要完成的册子，比儿时母亲为我制一件新衣裳更觉欢喜。……我又到排铅字的工人旁边，他手下按住的正是一个题目，很大的铅字，方的，带来无限的感情，那正是我的那篇《夜风》。

那天预先吃了一顿外国包子，郎华说他为着册子来敬祝我，所以到柜台前叫那人倒了两小杯"伏特克"酒。我说这是为着册子敬祝他。

被大欢喜追逐着，我们变成孩子了！走进公园，在大树下乘了一刻凉，觉得公园是满足的地方。望着树梢顶边的天。外国孩子们在地面弄着沙土。因为还是上午，游园的人不多。日本女人撑着伞走。卖"冰激凌"的小板房里洗刷着杯子。我忽然觉得渴了，但那一排排的透明的汽水瓶子，并不引诱我们。我还没有养成那样的习惯，在公园还没喝过一次那样的东西。

"我们回家去喝水吧。"只有回家去喝冷水，家里的冷水才不要钱。

拉开第一扇门，大草帽被震落下来。喝完了水，我提议戴上大草帽到江边走走。

赤着脚，郎华穿的是短裤，我穿的是小短裙子，向江边出发了。

两个人渔翁似的,时时在沿街玻璃窗上反映着。

"划小船吧,多么好的天气!"到了江边我又提议。

"就剩两角钱……但也可以划,都花了吧!"

择一个船底铺着青草的、有两副桨的船。和船夫说明,一点钟一角五分。并没打算洗澡,连洗澡的衣裳也没有穿。船夫给推开了船,我们向江心去了。两副桨翻着,顺水下流,好像江岸在退走。我们不是故意去寻,任意遇到了一个沙洲,有两方丈的沙滩突出江心,郎华勇敢地先跳上沙滩,我胆怯,迟疑着,怕沙洲会沉下江底。

最后洗澡了,就在沙洲上脱掉衣服。郎华是完全脱的。我看了看江沿洗衣人的面孔是辨不出来的,那么我借了船身的遮掩,才爬下水底把衣服脱掉。我时时靠近沙滩,怕水流把我带走。江浪击撞着船底,我拉住船板,头在水上,身子在水里,水光,天光,离开了人间一般的。当我躺在沙滩晒太阳时,从北面来了一只小划船。我慌张起来,穿衣裳已经来不及,怎么好呢?爬下水去吧!船走过,我又爬上来。

我穿好衣服。郎华还没穿好。他找他的衬衫,他说他的衬衫洗完了就挂在船板上,结果找不到。远处有白色的东西浮着,他想一定是他的衬衫了。划船去追白色的东西,那白东西走得很慢,那是一条鱼,死掉的白色的鱼。

虽然丢掉了衬衫并不感到可惜,郎华赤着膀子大嚷大笑地把鱼捉上来,大概他觉得在江上能够捉到鱼是一件很有本领的事。

"晚饭就吃这条鱼,你给煎煎它。"

"死鱼不能吃的,大概臭了。"

他赶快把鱼鳃掀给我看:"你看,你看,这样红就会臭的?"

直到上岸,他才静下去。

"我怎么办呢！光着膀子，在中央大街上可怎样走？"他完全静下去了，大概这时候忘了他的鱼。

我跑到家去拿了衣裳回来，满头流着汗。可是他在江沿和码头夫们在一起喝茶了，在那个伞样的布棚下吹着江风。他第一句和我说的话，想来是"你热吧"？

但他不是问我，他先问鱼："你把鱼放在哪里啦？用凉水泡上没有？"

"五分钱给我！"我要买醋，煎鱼要用醋的。

"一个铜板也没剩，我喝了茶，你不知道？"

被大欢喜追逐着的两个人，把所有的钱用掉，把衬衣丢到大江，换得一条死鱼。

等到吃鱼的时候，郎华又说："为着册子，我请你吃鱼。"

这是我们创作的一个阶段，最前的一个阶段，册子就是划分这个阶段的东西。

八月十四日，家家准备着过节的那天，我们到印刷局去，自己开始装订，装订了一整天。郎华用拳头打着背，我也感到背痛。

于是郎华跑出去叫来一部斗车，一百本册子提上车去。就在夕阳中，马脖子上颠动着很响的铃子，走在回家的道上。

家里，地板上摆着册子，朋友们手里拿着册子，谈论的也是册子。同时关于册子出了谣言：没收啦！日本宪兵队逮捕啦！

逮捕可没有逮捕，没收是真的。送到书店去的书，没有几天就被禁止发卖了。

# 剧　团

册子带来了恐怖。黄昏时候,我们排完了剧,和剧团那些人出了"民众教育馆",恐怖使我对于家有点不安。街灯亮起来,进院,那些人跟在我们后面。门扇,窗子,和每日一样安然地关着。我十分放心,知道家中没有来过什么恶物。

失望了,开门的钥匙由郎华带着,于是大家只好坐在窗下的楼梯口。李买的香瓜,大家就吃香瓜。

汪林照样吸着烟。她掀起纱窗帘向我们这边笑了笑。陈成把一个香瓜高举起来。

"不要。"她摇头,隔着玻璃窗说。

我一点趣味也感不到,一直到他们把公演的事情议论完,我想的事情还没停下来。我愿意他们快快走,我好收拾箱子,好像箱子里面藏着什么使我和郎华犯罪的东西。

那些人走了。郎华从床底把箱子拉出来,洋烛立在地板上,我们开始收拾了。弄了满地纸片,什么犯罪的东西也没有。但不敢自信,怕书页里边夹着骂"满洲国"的,或是骂什么的字迹,所以每册书都翻了一遍。一切收拾好,箱子是空空洞洞的了。一张高尔基的照片,也把它烧掉。大火炉烧得烤痛人的面孔。我烧得很快,日本宪兵就要来捉人似的。

当我们坐下来喝茶的时候,当然是十分定心了,十分有把握了。一张吸墨纸我无意地玩弄着,我把腰挺得很直,很大方的样子,我的心像被拉满的弓放了下来一般的松适。我细看红铅笔在吸墨纸上写的字,那字正是犯法的字:——小日本子,走狗,他妈的"满洲国"……——我连再看一遍也没有看,就送到火炉里边。

"吸墨纸啊!是吸墨纸!"郎华可惜得跺着脚。等他发觉那已开始烧起了:"那样大一张吸墨纸你烧掉它,烧花眼了?什么都烧,看用什么!"

他过于可惜那张吸墨纸。我看他那种样子也很生气。吸墨纸重要,还是拿生命去开玩笑重要?

"为着一个虱子烧掉一件棉袄!"郎华骂我,"那你就不会把字剪掉?"

我哪想起来这样做!真傻,为着一块疮疤丢掉一个苹果!

我们把"满洲国"建国纪念明信片摆到桌上,那是朋友送给的,很厚的一打。还有两本上面写着"满洲国"字样的不知是什么书,连看也没有看也摆起来。桌子上面很有意思:《离骚》《李后主词》《石达开日记》,他当家庭教师用的小学算术教本。一本《世界各国革命史》也从桌子抽下去。郎华说那上面载着日本怎样压迫朝鲜的历史,所以不能摆在外面。我一听说有这种重要性,马上就要去烧掉,我已经站起来了,郎华把我按下:"疯了吗?你疯了吗?"

我就一声不响了,一直到灭了灯睡下,连呼吸也不能呼吸似的。在黑暗中我把眼睛张得很大。院中的狗叫声也多起来。大门扇响得也厉害了。总之,一切能发声的东西都比平常发的声音要高。平常不会响的东西也被我新发现着,棚顶发着响,洋瓦房盖被风吹着也响,响,响……

郎华按住我的胸口……我的不会说话的胸口。铁大门震响了一下,我跳了一下。

"不要怕,我们有什么呢?什么也没有。谣传不要太认真。他妈的,哪天捉去哪天算!睡吧,睡不足,明天要头疼的……"

他按住我的胸口。好像给噩梦惊醒的孩子似的,心在母亲的手下大跳着。

有一天,到一家影戏院去试剧,散散杂杂的这一些人,从我们的小房出发。

全体都到齐,只少了个徐志,他一次也没有不到过,要试演他就不到,大家以为他病了。

很大的舞台,很漂亮的垂幕。我扮演的是一个老太婆的角色,还要我哭,还要我生病。把四个椅子拼成一张床,试一试倒下去,我的腰部触得很疼。

先试给影戏院老板看的,是郎华饰的《小偷》①中的杰姆和李饰的律师夫人对话的那一幕。我是另外一个剧本,还没挨到我,大家就退出影戏院了。

因为条件不合,没能公演。大家等待机会,同时每个人发着疑问:公演不成吧?

三个剧排了三个月,若说演不出,总有点可惜。

"关于你们册子的风声怎么样?"

"没有什么。怕狼,怕虎是不行的。这年头只得碰上什么算什么……"郎华是刚强的。

---

① 《小偷》,即美国作家辛克莱的话剧《居住二楼的人》。剧团由金剑啸烈士、罗烽、白朗、舒群等人组成,叫星星剧团。

# 又是冬天

窗前的大雪白绒一般,没有停地在落,整天没有停。我去年受冻的脚完全好起来,可是今年没有冻,壁炉着得呼呼发响,时时起着木柈的小炸音;玻璃窗简直就没被冰霜蔽住;柈子不像去年摆在窗前,而是装满了柈子房的。

我们决定非回国①不可。每次到书店去,一本杂志也没有,至于别的书,那还是三年前摆在玻璃窗里退了色的旧书。

非走不可,非走不可。

遇到朋友,我们就问:"海上几月里浪小?小海船是怎样晕法?……"因为我们都没航过海,海船那样大,在图画上看见也是害怕,所以一经过"万国车票公司"的窗前,必须要停住许多时候,要看窗子里立着的大图画,我们计算着这海船有多么高啊!都说海上无风三尺浪,我在玻璃上就用手去量,看海船有海浪的几倍高。结果那太差远了!海船的高度等于海浪的二十倍。我说海船六丈高。

"哪有六丈?"郎华反对我,他又量量,"哼!可不是吗!差不多……海浪三尺,船高是二十三尺。"

---

① "回国",当时哈尔滨属"满洲国",因此离开哈尔滨到关里,等于是从"满洲国"回中国。

也有时因为我反复着说:"有那么高吗? 没有吧! 也许有!"

郎华听了就生起气了,因为海船的事差不多在街上就吵架……

可是朋友们不知道我们要走,有一天,我们在胖朋友家里举起酒杯的时候,嘴里吃着烧鸡的时候,郎华要说,我不叫他说,可是到底说了。

"走了好!我看你早就该走!"以前胖朋友常这样说,"郎华,你走吧!我给你们对付点路费。我天天在××科里边听着问案子,皮鞭子打得那个响!哎,走吧!我想要是我的朋友也弄去……那声音可怎么听? 我一看那行人,我就想到你……"

老秦来了,他是穿着一件崭新的外套,看起来帽子也是新的,不过没有问他,他自己先说:"你们看我穿新外套了吧?非去上海不可,忙着做了两件衣裳,好去进当铺,卖破烂,新的也值几个钱……"

听了这话,我们很高兴,想不说也不可能:"我们也走,非走不可,在这个地方等着活剥皮吗?"郎华说完了就笑了,"你什么时候走?"

"那么你们呢?"

"我们没有一定。"

"走就五六月走,海上浪小……"

"那么我们一同走吧!"

老秦并不认为我们是真话,大家随便说了不少关于走的事情,怎样走法呢?怕路上检查,怕路上盘问,到上海什么朋友也没有,又没有钱。说得高兴起来,逼真了! 带着幻想了! 老秦是到过上海的,他说四马路怎样怎样! 他说上海的穷是怎样的穷法……

他走了以后,雪还没有停。我把火炉又放进一块木桦去。又到烧晚饭的时间了! 我想一想去年,想一想今年,看一看自己的手骨节胀大了一点,个子还是这么高,还是这么瘦……

这房子我看得太熟了,至于墙上或是棚顶有几个多余的钉子,我都知道。郎华呢?没有瘦胖,他是照旧,从我认识他那时候起,他就是那样,颧骨很高,眼睛小,嘴大,鼻子是一条柱。

"我们吃什么饭呢?吃面或是饭?"

居然我们有米有面了,这和去年不同,忽然那些回想牵住了我……借到两角钱或一角钱……空手他跑回来……抱着新棉袍去进当铺。

我想到我冻伤的脚,下意识地看了一下脚。于是又想到桦子。那样多的桦子,烧吧!我就又去搬了木桦进来。

"关上门啊!冷啊!"郎华嚷着。

他仍把两手插在裤袋,在地上打转;一说到关于走,他不住地打转,转起半点钟来也是常常的事。

秋天,我们已经装起电灯了。我在灯下抄自己的稿子。郎华又跑出去,他是跑出去玩,这可和去年不同,今年他不到外面当家庭教师了。

# 门前的黑影

从昨夜,对于震响的铁门更怕起来,铁门扇一响,就跑到过道去看,看过四五次都不是,但愿它不是。

清早了,某个学校的学生,他是郎华的朋友,他戴着学生帽,进屋也没有脱,他连坐下也不坐下就说:"风声很不好,关于你们,我们的同学弄去了一个。"

"什么时候?"

"昨天。学校已经放寒假了,他要回家还没有定。今天一早又来日本宪兵,把全宿舍检查一遍,每个床铺都翻过,翻出一本《战争与和平》来……"

"《战争与和平》又怎么样?"

"你要小心一点,听说有人要给你放黑箭。"

"我又不反满,不抗日,怕什么?"

"别说这一套话,无缘无故就要拿人,你看,把《战争与和平》那本书就带了去,说是调查调查,也不知道调查什么。"

说完他就走了。问他想放黑箭的是什么人,他不说。过一会,又来一个人,同样是慌张,也许近些日子看人都是慌张的。

"你们应该躲躲,不好吧!外边都传说剧团不是个好剧团。那个团员出来了没有?"

我们送走了他,就到公园走走。冰池上小孩们在上面滑着冰,日本孩子,俄国孩子……中国孩子……

我们绕着冰池走了一周,心上带着不愉快……所以彼此不讲话,走得很沉闷。

"晚饭吃面吧!"他看到路北那个切面铺才说,我进去买了面条。

回到家里,书也不能看,俄语也不能读,开始慢慢预备晚饭吧!虽然在预备吃的东西也不高兴,好像不高兴吃什么东西。

木格上的盐罐装着满满的白盐,盐罐旁边摆着一包大海米,酱油瓶、醋瓶、香油瓶,还有一罐炸好的肉酱。墙角有米袋、面袋,样子房满堆着木料……这一些并不感到满足,用肉酱拌面条吃,倒不如去年米饭拌着盐吃舒服。

"商市街"口,我看到一个人影,那不是寻常的人影,那像日本宪兵。我继续前走,怕是郎华知道要害怕。

走了十步八步,可是不能再走了!那穿高筒皮靴的人在铁门外盘旋。我停止下,想要细看一看。郎华和我同样,他也早就注意上这人。我们想逃。他是在门门口等我们吧!不用猜疑,路南就停着小"电驴子",并且那日本人又走到路南来,他的姿势表示着他的耳朵也在倾听。

不要家了,我们想逃,但是逃向哪里呢?

那日本人连刀也没有佩,也没有别的武装,我们有点不相信他就会拿人。我们走进路南的洋酒面包店去,买了一块面包,我并不要买肠子,掌柜的就给切了肠子,因为我是聚精会神地在注意玻璃窗外的事情。那没有佩刀的日本人转着弯子慢慢走掉了。

这真是一场大笑话,我们就在铺子里消费了三角五分钱……从玻璃门出来,带着三角五分钱的面包和肠子。假若是更多的钱在那当儿就丢在马路上,也不觉得可惜……

"要这东西做什么呢?明天袜子又不能买了。"事件已经过去,我懊悔地说。

"我也不知道,谁叫你进去买的?想怨谁?"

郎华在前面哐哐地开着门,屋中的热气扑到脸上来。

# 最后的一个星期

刚下过雨,我们踏着水淋的街道,在中央大街上徘徊,到江边去呢?还是到哪里去呢?

天空的云还没有散,街头的行人还是那样稀疏,任意走,但是再不能走了。

"郎华,我们应该规定个日子,哪天走呢?"

"现在三号,十三号吧!还有十天,怎么样?"

我突然站住,受惊一般地,哈尔滨要与我们别离了!还有十天,十天以后的日子,我们要过在车上,海上,看不见松花江了,只要"满洲国"存在一天,我们是不能来到这块土地的。

李和陈成也来了,好像我们走,是应该走。

"还有七天,走了好啊!"陈成说。

为着我们走,老张请我们吃饭。吃过饭以后,又去逛公园。在公园又吃冰激凌,无论怎样总感到另一种滋味,公园的大树,公园夏日的风,沙土,花草,水池,假山,山顶的凉亭……这一切和往日两样,我没有像往日那样到公园里乱跑,我是安安静静地走着,脚下的沙土慢慢地在响。

夜晚屋中又剩了我一个人,郎华的学生跑到窗前,他偷偷观察着我,他在窗前走来走去,假装着闲走来观察我,来观察这屋中的事情,观察不足,于是问了:"我老师上哪里去了?"

"找他做什么？"

"找我老师上课。"

其实那孩子平日就不愿意上课,他觉得老师这屋有个景况:怎么这些日子卖起东西来,旧棉花,破皮褥子……

要搬家吧!那孩子不能确定是怎么回事。他跑回去又把小菊也找出来,那女孩和他一般大,当然也觉得其中有个景况。我把灯闭上了,要收拾的东西,暂时也不收拾了!

躺在床上,摸摸墙壁,又摸摸床边,现在这还是我所接触的,再过七天,这一些都别开了。

小锅,小水壶,终归被旧货商人所提走,在商人手里发着响,闪着光,走出门去!那是前年冬天,郎华从破烂市买回来的。现在又将回到破烂市去。

卖掉小水壶,我的心情更不能压制住。不是用的自己的腿似的,到木桦房去看看许多木桦还没有烧尽,是卖呢?是送朋友?门后还有个电炉,还有双破鞋。

大炉台上失掉了锅,失掉了壶,不像个厨房样。

一个星期已经过去四天,心情随着时间更烦乱起来。也不能在家烧饭吃,到外面去吃,到朋友家去吃。

看到别人家的小锅,吃饭也不能安定。后来,睡觉也不能安定。

"明早六点钟就起来拉床,要早点起来。"

郎华说这话,觉得走是逼近了!必定得走了。好像郎华如不说,就不走了似的。

夜里想睡也睡不安。太阳还没出来,铁大门就响起来,我怕着,这声音要夺去我的心似的,昏茫地坐起来。郎华就跳下床去,两个人从床上往下拉着被子、褥子。枕头摔在脚上,忙忙乱乱,有人打着门,院子里的狗乱咬着。

马颈的铃铛就响在窗外,这样的早晨已经过去,我们遭了恶祸一般,屋子空空的了。

我把行李铺了铺,就睡在地板上。为了多日的病和不安,身体弱的快要支持不住的样子。郎华跑到江边去洗他的衬衫,他回来看到我还没有起来,他就生气:"不管什么时候,总是懒。起来,收拾收拾,该随手拿走的东西,就先把它拿走。"

"有什么收拾的,都已收拾好。我再睡一会,天还早,昨夜我失眠了。"我的腿痛,腰痛,又要犯病的样子。

"要睡,收拾干净再睡,起来!"

铺在地板上的小行李也卷起来了。墙壁从四面直垂下来,棚顶一块块发着微黑的地方,是长时间点蜡烛被烛烟所熏黑的。说话的声音有些轰响。空了!在屋子里边走起来很旷荡……

还吃了最后的一次早餐——面包和肠子。

我手提个包袱。郎华说:"走吧!"他推开了门。

这正像乍搬到这房子郎华说"进去吧"一样,门开着,我出来了,我腿发抖,心往下沉坠,忍不住这从没有落下来的眼泪,是哭的时候了!应该流一流眼泪。

我没有回转一次头走出大门,别了家屋!街车,行人,小店铺,行人道旁的杨树。转角了!

别了,"商市街"!

小包袱在手上挎着。我们顺了中央大街南去。

1935 年 5 月 15 日,上海

# 烦扰的一日

他在祈祷,他好像是向天祈祷。

正是跪在栏杆那儿,冰冷的,石块砌成的人行道。然而他没有鞋子,并且他用裸露的膝头去接触一些冬天的石块。我还没有走近他,我的心已经为愤恨而烧红,而快要胀裂了!我咬我的嘴唇,毕竟我是没有押起眼睛来走过他。

他是那样年老而昏聋,眼睛像是已腐烂过。街风是锐利的,他的手已经被吹得和一个死物样。可是风,仍然是锐利的。我走近他,但不能听清他祈祷的文句,只是喃喃着。

一个俄国老妇,她说的不是俄语,大概是犹太人,把一张小票子放到老人的手里,同时他仍然喃喃着,好像是向天祈祷。

我带着我重得和石头似的心走回屋中,把积下的旧报纸取出来,放到老人的面前,为的是他可以卖几个钱,但是当我已经把报纸放好的时候,我心起了一个剧变,我认为我是最庸俗没有的人了!仿佛我是作了一件蠢事般的。于是我摸衣袋,我思考家中存钱的盒子,可是连半角钱的票子都不能够寻思得到。老人是过于笨拙了!怕是他不晓得怎样去卖旧报纸。

我走向邻居家去,她的小孩子在床上玩着,她常常是没有心思向我讲一些话。我坐下来,把我带去的包袱打开,预备裁一件衣服。可是今天雪琦说话了:"于妈还不来,那么,我的孩子会使我没有希望。你看!我是什么事也没有做,外国语不能读,而且我连读报的趣味都没有呀!"

"我想你还是另寻一个老妈子好啦!"

"我也这样想,不过实际是困难的。"

她从生了孩子以来,那是五个月,她沉下苦恼的陷阱去。唇部不似以前有颜色,脸儿皱绉。

为着我到她家去替她看小孩,她走了,和猫一样蹑手蹑脚地下楼去了。

小孩子自己在床上玩得厌了,几次想要哭闹,我忙着裁旗袍,只是用声音招呼他。看一下时钟,知道她去了还不到一点钟,可是看小孩子要多么耐性呀!我烦乱着,这仅是一点钟。

妈妈回来了,带进来衣服的冷气,后面跟进来一个瓷人样的,缠着两只小脚,穿着毛边鞋子,她坐在床沿,并且在她进房的时候,她还向我行了一个深深的鞠躬礼。我又看见她戴的是毛边帽子,她坐在床沿。

过了一会,她是欣喜的,有点不像瓷人:"我是没有做过老妈子的,我的男人在十八道街开柳条包铺,带开药铺……我实在不能再和他生气,谁都是愿意支使人,还有人愿意给人家支使吗?咱们命不好,那就讲不了!"

像猜谜似的,使人想不出她是什么命运。雪琦她欢喜,她想幸福是近着她了,她在感谢我:"玉莹,你看,今天你若不来,我怎能去找这个老妈子来呀!"

那个半老的婆娘仍然讲着:"我的男人他打我骂我,以先对我很好,因为他开柳条包铺,要招股东。就是那个人二十元钱顶大的股东,他替我造谣,说我娘家有钱,为什么不帮助开柳条铺呢?在这一年中,就连一顿舒服饭也没吃过,我能不伤心吗!我十七岁过门,今年我是二十四岁。他从不和我吵闹过。"

她不是个半老的婆娘,她才二十四岁。说到这样伤心的地方,她没有哭,她晓得做老妈子的身份。可是又想说下去。雪琦眉毛打锁,把小孩给她:"你抱他试试。"

小孩子,不知为什么,但是他哭,也许他不愿看那种可怜的脸相?

雪琦有些不快乐了,只是一刻的工夫,她觉得幸福是远着她了!

过了一会,她又像个瓷人,最像瓷人的部分,就是她的眼睛,眼珠定住,我们一向她看去,她忙着把眼珠活动一下,然而很慢,并且一会又要定住。

"你不要想,将来你会有好的一日……"

"我是同他打架生气的,一生气就和个呆人样,什么也不能做。"那瓷人又忙着补充一句,"若不生气,什么病也没有呀!好人一样,好人一样。"

后来她看我缝衣裳,她来帮助我,我不愿她来帮助,但是她要来帮助。

小孩子吃着奶,在妈妈的怀中睡了!孩子怕一切音响,我们的呼吸,为着孩子的睡觉都能听得清。

雪琦更不欢喜了,大概她在害怕着,她在计量着,计量她的计划怎样失败。我窥视出来这个瓷器的老妈,怕一会就要被辞退。

然而她是有希望的,满有希望,她殷勤地在盆中给小孩在洗尿布。

"我是不知当老妈子的规矩的,太太要指教我。"她说完坐在木凳上,又开始变成不动的瓷人。

我烦扰着,街头的老人又回到我的心中;雪琦铅板样的心沉沉地挂在脸上。

"你把脏水倒进水池子去。"她向摆在木凳间的那瓷人说。

捧着水盆子,那个妇人紫色毛边鞋子还没有响出门去,雪琦的眼睛和偷人样转过来了:"她是不是不行?那么快让她走吧!"

孩子被丢在床上,他哭叫,她到隔壁借三角钱给老妈子的工钱。

那紫色的毛边鞋慢慢移着,她打了盆净水放在盆架间,过来招呼孩子,孩子惧怕这瓷人,他更哭。我缝着衣服,不知怎么一种不安传染了我的心。

忽然老妈子停下来,那是雪琦把三角钱的票子示到面前的时候,她拿到三角钱走了。她回到妇女们最伤心的家庭去,仍去寻她恶毒的生活。

毛边帽子,毛边鞋子,来了又走了。

雪琦仍然自己抱着孩子。

"你若不来,我怎能去找她来呢!"她埋怨我。

我们深深呼吸了一下,好像刚从暗室走出。屋子渐渐没有阳光了,我回家了,带着我的包袱,包袱中好像裹着一群麻烦的想头——妇女们有可厌的丈夫,可厌的孩子。冬天追赶着叫化子使他绝望。

在家门口,仍是那条栏杆,仍是那块石道,老人向天跪着,黄昏了,给他的绝望甚于死。

我经过他,我总不能听清他祈祷的文句,但我知道他祈祷的,不是我给他的那些报纸,也不是半角钱的票子,是要从死的边沿上把他拔回来。

然而让我怎样做呢?他向天跪着,他向天祈祷……

1933 年 12 月 8 日

# 家族以外的人

我蹲在树上,渐渐有点害怕,太阳也落下去了,树叶的响声也唰唰的了。

墙外街道上走着的行人也都和影子似的黑丛丛的,院里房屋的门窗变成黑洞了,并且野猫在我旁边的墙头上跑着叫着。

我从树上溜下来,虽然后门是开着的,但我不敢进去,我要看看母亲睡了还是没有睡。还没经过她的窗口,我就听到了席子的声音:"小死鬼……你还敢回来!"

我折回去,就顺着厢房的墙根又溜走了。

在院心空场上的草丛里边站了一些时候,连自己也没有注意到我折碎了一些草叶咬在嘴里。

白天那些所熟识的虫子,也都停止了鸣叫;在夜里叫的是另外一些虫子,它们的声音沉静,清脆而悠长。那埋着我的蒿草,和我的头顶一平,它们平滑,它们在我的耳边唱着那么微细的小歌,使我不能相信倒是听到还是没有听到。

"去吧……去……跳跳攒攒的……谁喜欢你……"

有二伯回来了,那喊狗的声音一直继续到厢房的那面。

我听到有二伯那拍响着的失掉了后跟的鞋子的声音,又听到厢房门扇的响声。

"妈睡了没睡呢?"我推着草叶,走出了草丛。